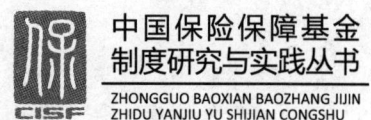

中国保险保障基金
制度研究与实践丛书
ZHONGGUO BAOXIAN BAOZHANG JIJIN
ZHIDU YANJIU YU SHIJIAN CONGSHU

我国保险行业保障风险及保障基金制度比较研究

WOGUO BAOXIAN HANGYE BAOZHANG FENGXIAN JI
BAOZHANG JIJIN ZHIDU BIJIAO YANJIU

主　编◎任建国

副主编◎陈志理　聂永泰

中国金融出版社

责任编辑：张　铁

责任校对：张志文

责任印制：丁淮宾

图书在版编目（CIP）数据

我国保险行业保障风险及保障基金制度比较研究（Woguo Baoxian Hangye Baozhang Fengxian ji Baozhang Jijin Zhidu Bijiao Yanjiu）/任建国主编. —北京：中国金融出版社，2014.8

（中国保险保障基金制度研究与实践丛书）

ISBN 978 - 7 - 5049 - 7626 - 0

Ⅰ.①我… Ⅱ.①任…②陈…③聂… Ⅲ.①保险业—风险管理—研究—中国②社会保险基金—基金制度—研究—中国③社会保障基金—基金制度—研究—中国 Ⅳ.①F842②D632.1

中国版本图书馆 CIP 数据核字（2014）第 192492 号

出版
发行　中国金融出版社

社址　北京市丰台区益泽路 2 号
市场开发部　（010）63266347，63805472，63439533（传真）
网 上 书 店　http://www.chinafph.com
　　　　　　（010）63286832，63365686（传真）
读者服务部　（010）66070833，62568380
邮编　100071
经销　新华书店
印刷　利兴印刷有限公司
尺寸　169 毫米 ×239 毫米
印张　12.75
字数　186 千
版次　2014 年 8 月第 1 版
印次　2014 年 8 月第 1 次印刷
定价　25.00 元
ISBN 978 - 7 - 5049 - 7626 - 0/F. 7186
如出现印装错误本社负责调换　联系电话（010）63263947

序

    保险保障基金制度是保险行业防范化解风险，保护保险消费者合法权益的一种重要的市场化救助制度。20 世纪 30 年代美国率先建立保险保障基金制度后，世界上很多国家相继建立了这类制度。经过几十年的发展，保险保障基金制度在全球范围不断发展和完善，发挥着越来越重要的作用。

    1995 年，我国《保险法》首次对保险保障基金制度进行了原则性规定，保险业率先在我国金融行业建立了市场化的风险自救机制。从概念和功能上看，我国的保险保障基金是指按照《保险法》和《保险保障基金管理办法》规定，由保险公司缴纳，全行业集中管理，在保险公司发生重大风险，可能严重危及社会公众利益和金融稳定的情形下，统筹使用于救助保单持有人、保单受让公司或者处置保险业风险的行业风险救助基金。从发展历程上看，我国保险保障基金制度先后经历了"单独提取、专户存储"的企业留存阶段，"专户缴入、加强监管"的集中管理阶段和"借鉴经验、积极改制"的公司化运作阶段。2008 年 9 月，经国务院批准，保监会、财政部、中国人民银行三部门共同颁布了新的《保险保障基金管理办法》，设立了中国保险保障基金有限责任公司（以下简称保险保障基金公司），依法负责保险保障基金的筹集、管理和使用。目前，我国保险保障基金制度已成为加强保险业风险管理的重要制度安排和防范化解行业风险的有效工具。随着金融改革的全面深化，保险业发展的市场化程度将越来越高，市场竞争将越来越激烈，保险公司优胜劣汰将成为一种常态。面对市场在资源配置中起决定性作用的新形势，保险保障基金制度如何才能经得住市场和实践的检验，成为摆在我们面前的重大课题。

近年来，保险保障基金公司做了不少富有成效的工作，基金管理不断优化，规模突破 500 亿元，保值增值能力不断提高；风险处置平台日趋完善，初步积累了符合保险业市场化发展实际、成功处置行业风险的若干经验；风险监测工作扎实推进，逐步建立了有保险保障基金公司特色的风险监测和预警指标体系。中国保险保障基金制度研究与实践丛书的出版，既是对公司过去几年实践的梳理和总结，又是对保险保障基金事业未来发展的再探索，对我国保险保障基金制度的完善和发展具有积极的意义。可以说，只有在实践中不断总结经验、积极探索，充分学习借鉴先进国家和地区的成功做法，才能集各家之长，形成符合中国保险业市场化发展实际，能够有效防范化解行业风险的保险保障基金管理模式和风险监测与处置体系，筑牢保险行业风险屏障。

我国的保险保障基金制度还很年轻，需要进一步探索和解决的问题还很多。希望本丛书的出版能够起到"抛砖引玉"的作用，唤起业界、学界对保险保障基金事业的更多关注和对保险保障基金制度的研究热情；也希望这些研究成果能够为有志于从事保险保障基金理论研究和实践的各位学者、专家提供一定的帮助。

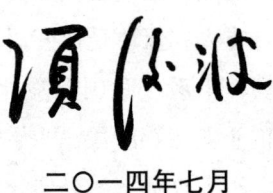

二〇一四年七月

前　　言

金融业的发展，风险与机遇并存。作为投资者或消费者，人们往往只注重收益，而忽视对可能产生的金融风险的防范。后果就是，风险积少成多，最终可能爆发全球性的金融危机，甚至是经济危机。2008 年金融危机的爆发，给世界各国的金融监管部门敲响了警钟。近年来，世界各国，特别是各主要资本主义国家，都将完善金融监管制度，加强金融监管力度提到了空前高度，纷纷采取各种措施提振本国金融投资者和消费者的信心，维护金融业的健康发展。在加强政府监管的同时，如何以市场手段，通过建立和完善市场退出和风险处置的制度机制，对行业风险进行管控和处置，也成为国际金融界普遍关注的热点问题。

保险业作为金融行业的重要组成部分，本身就是经营风险的行业。因此，如何防范化解自身发展中的风险，自然成为实现保险行业健康发展的首要问题。为了维护保险消费者的保单利益，促进保险行业健康发展，美国于 20 世纪 30 年代率先建立了保险保障基金制度。保险保障基金制度是一个国家（或地区）为了保障保单持有人合法权益，促进保险业健康发展，维护金融稳定，通过规范保险保障基金的筹集、管理和使用，救助保单持有人、保单受让公司或者处置保险业风险的一种制度安排。随着保险业在世界范围内的不断发展，英国、日本、中国台湾等国家和地区也都以立法形式建立了类似制度，将其作为保险业防范化解风险的又一道防线。特别是金融危机以后，随着政府、保险市场参与者对金融风险的认知程度不断提高，以及保险业与银行业、证券业等其他金融行业之间的融合不断加深，再加上存款保险等相关制度的不断完善，全球范围内形成了一种建立和更新保险保障基金制度的需求和趋势。事实表明，上述国家和地区的保障基金制度是符合市场经济发展规律的，其风险处置目标是较为明确的，经验和做法也是较为有效的，值得我们在充分比较和研究的基础上学习借鉴。

我国的保险保障基金制度自 1995 年《保险法》首次进行原则性规定至今，已经历了整整 20 个年头。这些年来，我国保险保障基金制度不断发展完善，基金管理模式不断革新，市场化、专业化水平不断提高。但是，我们必须认识到，我国的保险保障基金制度还很年轻，需要进一步发展和完善的地方还很多。特别是，随着我国金融改革的不断深入和保险业市场化进程的不断加快，保险保障基金的作用必然会愈发重要。我们的制度要与时俱进，首先必须认清所要面临的保障风险及其特征，明确制度层面有待改进和完善之处，通过有针对性地学习借鉴发达国家和地区的先进经验和成熟做法，使之具备中国特色，最终能够有效管用。这也是本书中"我国保险行业保障风险研究"和"保险保障基金制度比较研究"两项课题的根本出发点和落脚点。

其中，课题"我国保险行业保障风险研究"，通过对保险行业保障风险以及保障基金制度进行研究，深入剖析保险保障基金面临的风险矛盾及其成因，同时通过学习借鉴先进国家和地区的成功经验，结合我国保险保障基金制度自身发展实际，提出切实可行的政策建议。课题"保险保障基金制度比较研究"，着重以美国、英国、日本、加拿大和中国台湾等国家和地区为研究对象。通过对这些国家和地区的保险保障基金制度进行客观分析，比较各种制度设计的特点和优劣势，找出可资借鉴的经验和做法，最后提出兼具针对性和可行性的政策建议，为我国保险保障基金事业的发展提供理论支持和经验借鉴。

从内容编排上看，由于我国保险保障基金制度还处于起步发展阶段，现有对保险保障基金制度的研究也大都停留在理论分析层面。因此，本书中的两篇研究成果在对保险保障基金制度进行理论分析的基础上，本着理论联系实际的原则，通过对我国保险行业面临的保障风险以及主要国家和地区的保障基金制度进行专门研究，侧重于从实践层面分析保险行业保障风险以及保障基金制度面临的风险矛盾，比较各种制度设计的优势和不足，并通过介绍各国（地区）的成功经验做法，提出具有可操作性的意见建议。

从结构层次上看，课题"我国保险行业保障风险研究"，按照层层递进的逻辑顺序分为五个部分：第一部分通过对保障风险的含义、性质等进行界定，明确保险保障基金制度的主要任务；第二部分详细介绍保险保障基金制度的性质、作用、职能、定位等基本理论；第三部分深入分析保险保障基金面临的风险矛盾以及发达国家和地区可供学习和研究之处；第四部分着重对几个保险保障基金制度较为完善的国家和地区进行比较分析；第五部分从实践层面提出可资借鉴的经验做法。而课题"保险保障基金制度比较研究"，在充分考虑保险保障基金制度框架构成要素的基础上，根据各要素间互相影响、互相制约的内在逻辑关系分为七个部分：第一部分对保险保障基金制度概念和与其相关的一系列制度作系统介绍，明确保险保障基金制度的内涵及其发挥作用的制度环境；第二部分至第六部分分别从保险保障基金的管理模式、筹集管理、资金运用、风险监测和风险处置五个方面进行比较分析，深度挖掘各先进国家和地区的成功经验、成熟做法及其给我们的启示；第七部分结合我国保险保障基金制度体系构建的基本模式和成熟做法，以及各国（地区）制度的比较优势，提出切实可行的政策建议。

在课题研究过程中，课题组成员始终坚持科学严谨、务实高效的工作态度，通过我们的研究成果，真实客观地分析我国保险行业保障风险，全面而有侧重地展示世界范围内保险保障基金制度的发展情况，系统而深入地比较研究各先进国家和地区保险保障基金制度的特征与运行模式，科学而审慎地提出有针对性的、切实可行的政策建议。在课题报告起草过程中，我们力求做到观点思路明晰、结构布局合理、论据论证充分、成果引用规范、建议提法得当。通篇来看，本书的两篇课题报告具备了一定的科学性、系统性和创新性，希望能够给有志于进行相关理论研究的学者以启发，给从事保险保障基金工作的同仁以借鉴。希望我们的研究成果，能够在理论界、业界产生抛砖引玉的效果，希望各界共同努力为我国保险保障基金制度的发展完善建言献策。

目 录

我国保险行业保障风险研究

保险保障基金制度比较研究

中国保险保障基金制度研究与实践丛书

我国保险行业保障风险研究

近年来，美国国际集团（AIG）等一些国际知名的保险机构深陷国际金融危机，或接受政府救助，或在后危机时期艰难前行。尽管由于多种原因我国没有爆发金融危机，但受到了国际金融危机的巨大外部冲击，加上自身周期性下行等因素的影响，国民经济进一步回升的基础还不稳固、不确定，这些都使我国保险业面临非常严峻的挑战，更需要高度重视解决我国保险业存在的风险，其中密切关注保险行业保障风险，采取切实措施有效防范和化解具有非常重要意义。鉴于此，本报告对我国保险行业保障风险与保险保障制度等问题进行专门研究。

一、保险行业保障风险研究

保险行业保障风险是一个新提法，至今尚未发现有文献对其内涵进行过界定。由于理论界对于风险已有比较清晰的定义，这里首先从风险的概念出发，侧重于风险的宏观层面，对保险行业保障风险内涵进行界定，并对相关理论问题进行分析探讨。

（一）保险行业保障风险的含义界定

风险是指在特定环境和特定时间段发生损失，即预期目标与实际结果之间出现差距的可能性。从广义来看，风险既表现为结果的不确定性，即风险产生的结果可能是损失、获利或是无损失也无获利。从狭义来理解，风险表现为损失的不确定性，即强调风险产生的损失，没有从风险中获利的可能性。对于不同的经济主体而言，往往会侧重狭义风险和广义风险中的某一方面。例如，在金融领域，不同经济主体基于不同的行为动机和目标追求在微观和宏观层面对于风险的考虑出现明显差异。在微观层面，金融机构会受经济人动机的驱使，更多地强调风险结果的不确定性，追求的风险和收益的平衡，即高风险—高收益以及低风险—低收益。但受经济人动机驱使的众多单个金融机构的理性活动，并不一定会在宏观层面产生合理的结果，甚至微观风险的汇总可能会形成宏观层面的系统性风险，即风险的"合成谬误"。因此，在宏观层面，如政府或行业监管或风险处置机构等主体，则侧重从行业或公共利益出发，更注重风险产生的损失大小，努力防范和化解风险，维护行业的稳定和健康发展。

　　由于保险行业保险保障制度是基于整个保险行业的，这里按照宏观层面的思路，即从狭义的侧重损失不确定性的角度出发，来进一步类推和界定保险行业保障风险。另一方面，建立保险保障制度的目标是为了保障保单持有人的合法权益和维护保险业的稳定。结合这两个方面可以初步得出，保险行业保障风险是指保险公司出现经营危机或偿付能力严重不足时，保险保障基金或公司保障保单持有人权益以及维护保险业稳定的不确定性或风险。因此，从保险保障制度的功能和目标来看，保险行业保障风险又可以直接界定为：保险保障基金或公司①作为保险行业的最后安全网，存在的保障保单持有人合法权益和维护保险业安全的能力不足、功能减弱或丧失的不确定性或风险。

　　近年来，我国形成了以公司内控为基础，以偿付能力监管为核心，以资金运用监管为关键环节，以现场检查为重要手段，以保险保障基金为屏障的保险业风险防范的五道"防线"，其中保险保障基金是保险行业内部②防范化解风险的最后安全屏障。从风险形成过程看，经过公司内控、偿付能力监管、资金运用监管和现场检查前四道防线后，仍可能存在不能规避、化解和消除，并最终需由保险保障基金承担和面对的行业风险。因此，结合我国保险行业风险的形成链条和防范机制看，保障风险又可以进一步理解为：保险保障基金或公司对于经由公司内控、偿付能力监管、资金运用监管和现场检查前四道防线未能有效防控的行业风险，存在的保障保单持有人合法权益和保险业安全能力不足、功能减弱或丧失的不确定性或风险。简言之，保险行业保障风险是保险保障基金或公司在处置前四道"防线"不能有效防控的行业风险过程中，存在的保障保单持有人合法权益和保险业安全能力不足、功能减弱或丧失的不确定性或风险。

---

　　① 在不存在委托—代理问题的情况下，基金与其运作机构——公司或非营利组织可以视为一体，为清晰起见，本文在定义中将二者抽象化为一体。同时，考虑到现实中法人治理机制不完善可能导致二者的行为目标出现差异，后文在保险保障基金制度研究、比较研究和政策建议等部分适当考虑基金治理机制。

　　② 需要说明的是，保险行业风险突破保险保障基金这一安全屏障后，即转化为公共风险的一部分，由政府直接面对，具体分析详见后文。

（二）保险行业保障风险的特殊性

1. 保障风险的直接承担主体是保险保障基金

从产生过程来看，保险保障基金制度与保险公司经营的特殊性和经营环境的不确定性以及保险业的脆弱性和外部性密切相关。

首先，保险业的脆弱性和外部性需要政府为其提供担保。作为企业，保险公司同样会倒闭、清算。同一般行业的企业相比，保险公司作为进行风险定价及集合与分散风险的专业机构，在经营方面面临着特殊的风险，而且较一般企业的经营更具有风险性，甚至倒闭的可能性更大。更重要的问题是，保险业本身具有脆弱性，而且保险公司的倒闭会产生更大的负面影响或负外部性。一方面，保险市场是一个典型的信息不对称市场，逆向选择和道德风险产生的不利影响不仅造成保险市场失灵，降低保险市场运行效率，而且潜在投保人被挤出市场等使得保险市场更加脆弱。另一方面，个别保险公司的危机可能引发连锁反应导致更多的保险公司破产。个别高风险保险公司面临解散和破产，会打击保单持有人的信心，甚至产生严重的恐慌心理，出现"羊群效应"，导致众多的投保人退保，保险市场的这种传染效应使更多的保险公司出现偿付能力危机或面临倒闭，甚至对整个行业产生巨大的冲击。而且，保险公司的偿付能力危机会损害保单持有人的合法权益，导致保险功能丧失，引发一系列风险出现，甚至是社会动荡。保险市场的脆弱性和外部性使保险市场出现失灵，难以有效运作和实现保险业的健康发展。在这种条件下，需要政府介入加以解决①。尤其是在经济、金融全球化深入发展的条件下，保险公司破产产生脆弱性和外部性的可能更大，需要政府发挥更大的作用。大体来看，政府除了在事前、事中通过保险监管等进行风险防范外，还需要对事后的风险，即经营失败提供担保，以妥善处置和化解风险。在保险公司出现偿付能力危机、面临倒闭和破产清算的情况下，无论是隐性还是显性的保险保障制度，都有助于减轻乃至消除保单持有

---

① 需要说明的是，尽管保险公司可以通过再保险的方式分散风险，但再保险并不能解决保险公司在经营中可能出现的波动，因而是远远不够的。要实现保险业的稳健经营，政府除要求保险公司必须有足够的责任准备金外，还应必须建立保险保障制度，要求按规定提取保险保障基金。

人恐慌心理，避免恐慌情绪在保险市场的蔓延和传染，防止"羊群效应"的出现，从而起到稳定市场的作用。

其次，显性的保险保障制度优于国家无限兜底的隐性担保，这促使国家或政府成为保险保障基金制度的供给方。尽管隐性担保制度和显性保险保障制度都具有稳定市场的作用，但作用程度和面临的风险存在差异。在没有实施保险保障基金制度，即在实行政府隐性担保的情况下，尽管没有明确的担保合约存在，但政府与被保险人之间、政府与保险公司之间存在着一种隐性担保关系。针对保险公司偿付能力严重不足无力赔付的情况，政府往往会采取其他措施进行干预，以保护被保险人的利益，极力通过阻止保险公司破产来维护保险市场的稳定。显然，在政府隐性担保的制度条件下，保险公司不用过多顾忌后果而更倾向于从事高风险的经营活动，从而产生明显的逆向激励和更大的道德风险。如果保险公司又为国家所有，政府同为所有者和隐性担保主体，那么所产生的逆向激励和道德风险可能更大。与政府隐性担保相比，保险保障基金制度作为显性的、明确的保险制度则具有明显的优势。一是由于明确了保障的范围、程度、方式和时间，实现了保单持有人权益保护的确定性和预见性，有助于增强社会公众信心和避免市场恐慌，防止保单持有人大规模退保的发生，维护保险市场稳定。二是根据保险公司和保险业务的风险状况科学设计的差异化的保险保障基金费率结构以及对保单持有人的适度合理赔偿，有助于减轻保险市场客观存在的道德风险，提高保险市场效率。三是由于保险保障基金制度建立了较为完善的破产救济制度，在保障保单持有人合法权益的同时可以使偿付能力严重不足的保险公司按照市场原则平稳退出市场，有效减轻保险公司市场退出给保单持有人造成的损失和社会震荡，有效化解保险业风险和促进保险业的平稳健康发展。四是运用保险保障基金对退出市场的保险公司按照法定的标准进行清算，有助于实现清算成本的最小化。正因为如此，政府通常会选择保险保障基金制度作为显性的制度安排，政府也成为保险保障基金制度的主要供给方，推动该项制度的建立、发展和不断完善。截至2000年底，OECD国家中至少有21个国家设有保险保障基金。在亚洲，泰国、马来西亚、菲律宾、新加坡、文莱及中国台湾、香港、澳门地区都设有保险保障基金。在一些保险业不发达的东欧国家，如保加利亚、克罗地亚、爱沙尼亚、拉脱维亚、罗马尼亚、斯洛文尼亚和乌克兰也都设有保险保障基金（李成明，2003）。同时，基金征收通常具有强制性，即各国通过特定的法律、法规，要求保险市场中所有获准经营的保险公司必须依照法定标准向基金账户缴费。

最后，在显性保险保障制度下，保险行业保障风险的直接承担主体是保险保障基金或公司。当保险公司出现经营危机或偿付能力严重不足、面临市场退出的情况下，保险保障基金或公司作为保险业最后的安全网，需要按照法律和制度规定的标准，对保单持有人进行赔付。由于保险保障基金或公司肩负着保障保险行业安全的重任，同时也面临着不能有效保障保单持有人权益以及维护保险业稳定的不确定性或风险，即存在保险行业保障风险。在这种情况下，保险保障基金或公司作为运行机构直接要承担面临着不能有效保障保单持有人权益以及不能维护保险业稳定的不确定性或风险，无疑是保险行业保障风险的直接承担者。一旦保险保障基金的资金或处置手段等无法满足高风险保险公司退出市场和保障保单持有人权益的需要，那么很可能引发保险市场恐慌，在传染效应下导致更多的保险公司陷入困境，这时保险行业的保障风险就演变为了行业危机，甚至面临社会动荡的风险。

2. 保障风险是公共风险的一部分，最终承担者是政府

尽管保险行业保障风险的直接承担者是保险保障基金或公司，但需要特别指出的是，一旦保险行业保障风险过大，超出了保险保障基金或公司的风险处置和赔付能力，比如出现了保险业危机或金融危机，仅依靠保险保障基金已经不能满足风险处置和化解危机的需要。在这种情况下，还需要金融安全网中中央银行作为最后贷款人的流动性支持。例如，在当前国际金融危机中，美国联邦储备银行作为最后贷款人对保险业巨头 AIG 提供的紧急贷款救助，本身已经超出了保险行业的范畴。如果金融安全网仍然不能有效处置风险，或者说行业风险超出了金融安全网的处置能力，还需

要动用财政手段①以及必要的法律和行政手段来化解风险，这在 1997—1998 年亚洲金融危机和当前国际金融危机的化解和应对过程中已是通行做法。因此，政府事实上在为保险业的最后安全网——保险保障基金或公司直至整个金融安全网提供潜在或隐性担保，只不过是在保险业危机或金融危机期间才明确发挥作用。就此而言，无论是基于政府是保险保障基金制度的供给方，还是由政府作为保险保障基金制度潜在或隐性担保方，保险行业保障风险事实上都构成了一国公共风险的一部分，其最终承担者都是政府，政府最终承担兜底责任。在极端情况下，如果危机引发社会动荡，那么保险行业保障风险更属于典型的公共风险，最终须由政府承担和化解。

进一步来看，政府在建立保险保障基金制度后，要密切关注保险行业的保障风险，并针对风险的源头采取相应的措施，切实加以有效化解，如完善保险保障基金制度、改善保险保障基金的治理结构、加大政策和资金支持力度、强化对基金运作的监管等。就此而言，把化解保险行业保障风险的成本最小化甚至使其趋于零，或者说使保险保障基金形成完全意义上的行业互助保险，完全通过行业自主解决保险公司的退出风险，应是政府化解保险行业保障风险的最优目标。

3. 保障风险由保险保障制度决定

一般来看，设计良好的保险保障基金制度有助于发挥其应有功能，但设计不佳的保险保障制度，不仅制约其应有作用的发挥，而且作为保险业的最后安全网还可能会产生一系列的道德风险，从而加大保险行业保障风险。就此而言，保险行业保障风险从根本上是由保险保障制度决定的。进一步来看，可分为以下两个方面：

第一，保障风险取决于保险保障制度是否能够形成与保险行业风险状况一致的风险处置能力。在保险保障基金制度下，保障基金作为行业基

---

① 1997 年以后日本由于有多家人寿保险公司破产，使得原本只有 2 000 亿日元的人寿保障基金入不敷出。2000 年，日本修订了《商业保险法》，规定提供总额度为 9 600 亿日元的人寿保险保障基金，其中日本寿险业承担 5 600 亿日元，在必要时由国家提供 4 000 亿日元公共资金对 2003 年 3 月前破产的保险公司进行救助，处置破产保险公司获得利润后，归还公共资金。

金，是为救助投保人而设立的专项基金，基金向公司收取了一定比例费用作为积累，并向所有缴费的公司提供了保险。尽管各家保险公司按照保险保障制度的规定，会按照不同的费率标准缴纳基金，但这更多的是由于各家公司风险状况的不同及正向激励的制度建设需要决定的，保险保障基金总体来看是取之于保险行业并用之于保险行业的。从这种意义上讲，保险保障基金首先是行业互助保险基金。再考虑到费率的差异，保险保障基金又可以理解为根据各保险公司风险状况及相应享受的赔付和救助规模缴纳的行业互助保险基金。既然如此，保险保障制度理论上应提供与保险业风险状况相一致的基金规模以及相应的风险处置手段，这样才能发挥制度应有的作用。但如果由于制度设计方面的不足，尤其是缺少与风险状况相一致的平均费率水平，就会相应产生保险行业保障风险。或是平均费率过高，基金规模过大，加重保险公司的经营负担，降低盈利能力，加大运营风险；或是平均费率过低，基金规模有限、处置手段不足，导致保险保障基金的风险处置能力较低，无法满足保险行业风险处置的现实需要，从而产生保险行业保障风险。

第二，保险保障基金资金不足和保障能力偏弱是各国保险保障制度建设实践中需要解决的重点问题。从各国实践来看，保险保障基金资金实力和保障能力总是与保险业风险状况不相一致。很多国家在保险公司破产清算时，保险保障基金的规模偏小、资金不足的问题较为普遍，所以通常还需要借助金融安全网中最后贷款人的紧急流动性资金以及财政资金注入才能满足化解风险的需要[1]。例如，当前国际金融危机中美国联邦储备银行对 AIG 发放的紧急贷款等。因此，在实践中，各国更多的是面临着保险保障基金资金不足和保障能力较弱的问题，提高保险行业保障能力是保险保障制度建设需要解决的重点问题。

第三，保障风险取决于保险保障制度是能否有效化解道德风险。作为保险业最后的安全网，保险保障基金制度通常要处理好与相关机构的关系，包括保险公司及其所有者、保单持有人以及行业监管机构等方面的关

---

[1]　例如日本，见前注。

系。但制度设计的不足可能会产生较大的道德风险。例如，对保单持有人的补偿水平过高，会使其疏忽对保险公司风险状况的关注；过多地救助保险公司、在清算前未能有效惩罚保险公司的所有者及公司经营者，以及未根据保险公司风险状况确定差别化费率等，都会使保险公司从事高风险经营活动；监管机构主导保险保障基金而不能有效评价监管的绩效，不能充分激励监管机构强化保险监管；等等。上述制度设计方面的不足产生的道德风险，都会导致更多的高风险保险公司出现，从而增加基金的赔付压力，加大保险行业保障风险。

因此，无论是作为保险保障制度的供给方和潜在担保者，还是作为保险保障风险的承担者，政府都需要将通过制度优化来防范和化解保险保障风险作为首要选择和重中之重。一方面，事前全面评估保险行业风险状况，要通过合理的制度设计，合理确定平均费率水平，并进行科学预测，形成与风险处置需要相一致的基金规模与风险保障能力。另一方面，要做到激励相容，有效解决逆向选择和道德风险问题。在所有者是国家的情况下，政府既是所有者，又是行业监管者，同时又是基金的潜在担保者，需要科学、合理地界定政府作为公共管理主体和经济主体的相应职责，并授权各有关部门分别行使职能，做到合理分工，各司其职。

（三）保障风险与保险行业风险的关系

从前述对保障风险的特殊性分析可以初步看出，保险业风险与保险保障制度和保险行业保障风险有着密切的联系。这里侧重探讨保障风险与保险行业风险的关系。

1. 保障风险源于保险行业风险

在建立保险保障基金制度的条件下，风险处置和救助主要由基金完成，并充当保险业最后安全网的作用。进一步来看，保险保障基金进行风险处置源于有偿付能力严重不足的高风险保险公司出现，然后由保障基金对其进行救助或风险处置。而偿付能力严重不足的高风险保险公司，不论是个别地、局部地出现，还是大面积地、系统地出现，本身就表明保险业存在风险。同时，在对高风险保险公司进行救助或风险处置的过程中，保障基金存在着不能有效保障保单持有人权益的可能性，存在着保障保险业安全能力不足、功能减弱或丧失的风险。就此而言，保险行业保障风险来源于保险业风险。

2. 保障风险是在行业风险不能自主解决的情况下发生的

当保险市场中出现偿付能力严重不足的高风险保险公司，保险或金融同业机构为了实现特定的经营和发展战略，很可能在市场机制的作用下，对其进行并购、重组及更换管理层，或是股东增加新的投资和改善经营管理等方式，从而使高风险保险公司开始正常运行，再次走上健康发展的轨道。在这种情况下，高风险保险公司还没有进入倒闭、清算阶段就已经化解了风险，并不需要保险保障基金再进行风险处置，自然也不会产生保障风险。就此而言，保险市场中的大部分风险可以由行业和公司自主化解，并非所有的行业风险都转化为保障风险。另一方面，在行业和公司不能自主化解的条件下，高风险保险公司面临着退出问题，保险保障基金需要对其进行风险处置或救助，在实践中各国普遍将保险公司的破产清算作为保障基金启动的标志，而保障基金未必能有效保障保单持有人权益，或是存在保障保险业安全能力不足的风险。由于保障基金保障保险业安全的能力不足、功能减弱或丧失，无法有效防止恐慌心理，"羊群效应"将导致更多的保险公司陷入困境，甚至出现保险业或金融危机。就此而言，保障基金面临的保障风险，不仅是保险行业风险的重要内容，而且是公共风险的一部分。

（四）保障风险的范围：保险行业风险视角的分析

保险行业风险非常复杂，依据不同的标准会形成不同的分类。在我国，保险行业除了通常所要面临的风险——运营风险和监管风险外，还面临着一些特殊的风险，如经济转型中的体制性风险等。这里根据对我国保险行业面临风险进行的分类，结合我国保险业风险防范的五道"防线"，对保障风险的范围进行大体的分析。

1. 运营风险

运营风险是保险行业通常都要面临的风险。现有研究中，对于保险行业运营风险进行的典型分类主要有以下几种。例如，美国精算师协会（1994）将保险业风险分为资产风险、定价风险、资产/负债匹配风险和其他风险；M. Santomero 和 David M. Babbel（1997）从金融风险的角度，将保险业风险分为精算风险、系统风险、信用风险、流动性风险、操作风险和法律风险等；而 Kuritzkes 等（2002）则将保险业风险分为市场风险、经营风险、信用风险和承保风险。国内研究为了分析我国保险业风险状况，也进行了一些分类。例如，赵瑾璐和张小霞（2003）认为我国保险业潜在的主要风险包括经营风险、投资风险、道德风险和政策风险；赵宇龙（2005）认为保险业面临道德风险、偿付风险和市场风险；陈正旭、黄波（2008）将保险业运营风险分为"承保、投资和偿付"三个环节的风险。根据本报告的研究需要，结合已有的研究，这里从运行环节出发，对保险业运营风险进行如下分类：

（1）定价风险。主要包括被保险人索赔频率和数额的不确定性、保险公司投资收入的不确定性以及保险公司运营成本的不确定性、保险公司定价不足引起的风险。

（2）承保风险。发生在承保环节的风险，主要包括信息不对称风险以及在营销过程中存在的不规范竞争等。

（3）资产风险。因保险公司的债务人无法或不愿偿付保险公司的债务，或者因保险公司的资产发生贬值而引发的保险公司偿付能力不足的风险，包括利率风险、通胀风险、信用风险、市场风险和货币风险等。

（4）资产/负债匹配风险。由于市场利率及通货膨胀的变化对保险公司的资产和负债二者的影响程度不同所导致的保险公司负债价值超过资产价值的风险。

（5）偿付能力风险。对保险公司在各种合理的、可预见的环境下履行所有保险合同所规定义务的能力可能出现的不确定性。

从运营风险的分布领域及相应的管理链条来看，上述前四种风险最终都集中体现为偿付能力风险，而偿付能力的严重不足，从另外一个角度则表现为财务风险，即保险公司的财务成果与预期的经营目标发生偏差。在这种条件下，应对风险的手段是通过发行股票、发行债券或银行借款等方式来筹集所需资金。从这种意义上讲，保险行业风险集中体现为偿付能力风险和财务风险，即资本重组风险。一旦财务风险不能有效化解，那么偿付能力严重不足的保险公司将面临退出问题，需要保险保障基金进行风险处置或救助，而保险保障基金未必能有效地保障保单持有人权益，或是说存在保障保险业安全能力不足的风险。就此而言，保险公司的偿付能力风险及相应的财务风险应纳入保险保障风险的范围，并作为重点密切跟踪监测。

2. 监管风险

监管风险是监管环境变化导致的风险。伴随着金融控股公司不断涌现和金融衍生品的不断增多，监管空白和不到位以及监管弱化产生的风险越来越大。源于美国的国际金融危机充分暴露出了金融监管空白产生的风险，其中包括保险监管风险。

3. 体制风险

在经济转型过程中，我国保险业还面临着有别于发达国家的体制性约束或体制变动的风险。一方面，保险公司的国有资本所有者缺位，制约法人治理结构的完善。一些公司董事会没有有效发挥作用，存在少数股东控制和内部人控制，投资随意性大。在某种程度助长了保险机构的道德风险，给整个保险行业的健康发展带来不利影响。另一方面，由于保险公司法人治理机制不完善以及内部控制不健全或失效，存在关键时候违反风险管理要求进行操作的隐患，从而导致保险业出现较大的操作风险。

从理论上看，虽然监管风险和体制风险都是行业风险的一部分，是保险行业前端的风险，应由监管机构和所有者分别按照责权利相统一的原则分别加以解决。结合中国保险业风险防范的五道"防线"，即以公司内控为基础，以偿付能力监管为核心，以资金运用监管为关键环节，以现场检查为重要手段，以保险保障基金为屏障，可以看出保险保障基金是最后的安全屏障。而且根据前述分析，保险保障基金作为最后的安全网同时也面临和存在保险行业保障风险。在这种条件下，尽管监管风险和体制风险都有可能导致保险公司经营失败，最终可能需要作为最后安全网的保险保障基金直接面对，但考虑到保险保障制度应实现有效激励和防范保障风险，故要在保险业运行过程中实现各有关主体责权利相统一，努力在事前有效解决激励和化解风险的问题。就此而言，监管风险和体制风险理论上都不应属于保障风险，但保险保障基金应当在跟踪监测偿付能力风险和财务风险的过程中向有关机构通报反映。同时，在保险公司清算过程中确定合理的损失负担机制，充分体现保障保单持有人利益的原则，明确投保人的优先受偿权，并明确股东、董事会和管理层应承担首要责任，如冲销所有者权益和更换现有的管理人员等。

4. 再保险经营失败的风险

从保险保障基金公司援助对象的划分来看，商业再保险公司和再保险经纪公司的被保险人是有充分对价能力的保险公司，而且再保险业务不与一般投保人发生直接的利益关系，其作为直保公司的保险公司。直保公司已经交纳了一次保险保障基金，已经通过再保险分散与转移了风险，对再保险公司继续征收保险保障基金会出现重复缴纳保险费的问题。加之保险保障制度为实现有效激励，一般遵循以救助和保障保单持有人利益为核心的基本原则，故商业再保险公司通常不是受援对象。另外，自保公司的被保险人多数从根本上讲与公司的利益是完全一致的且为法人被保险人，而且对自保公司监控难度较大。所以，保险保障基金公司的援助对象主要是商业保险人、法定再保险人和原保险经纪人，而对商业再保险公司、再保险经纪公司和自保公司一般不予援助。从国内外实践来看，这也是大部分国家的通行做法。例如，美国不对人寿再保险业务收取保险保障基金，财产再保险业务则是少数几个州收取，而大部分州免收。再如，我国现行《保险保障基金管理办法》第二十五条也规定，保险公司的再保险分入业务不属于保险保障基金的救助范围，不缴纳保险保障基金。而且从各国实践看，迄今为止也未出现因再保险风险而直接导致保险公司破产倒闭的事件（杨琳，2009）。就此而言，不缴纳保险保障基金也不属于保险保障基金的救助对象的再保险公司、再保险经纪公司和自保公司出现的风险一般不属于保险保障风险。当然，国外也有再保险公司出现经营危机的情况，尽管这种公司占整个经营失败的保险公司的比例很小。鉴于其经营失败可能直接导致再保险功能的丧失，各国一般对再保险公司在事前进行特别监管，事后或通过市场机制进行合并、兼并，或政府通过保险保障基金以外的其他形式如财政补助等施以援助，尤其是对地震、巨灾、农业等的再保险更多的是由政府和公司一起承担，并在经营过程中享受政府优惠政策。

5. 基本结论

第一，偿付能力风险及相应的财务风险等应纳入保险保障风险的范围。从运营的角度看，保险公司的风险最终集中体现为偿付能力风险和财务风险。一旦保险公司自身不能有效化解，客观上就需要保险保障基金进行风险处置或救助，而保险保障基金存在保障保险业安全能力不足的风险，因而偿付能力风险及相应的财务风险应纳入保险保障风险的范围，并作为重点密切跟踪监测。

第二，体制风险和监管风险不属于保险保障风险的范围。尽管体制风险和监管风险都是行业风险的一部分，是保险行业前端的风险，应按照激励相容和责权利相统一的原则由所有者和监管机构分别加以解决。如果执意纳入保险保障基金的援助范围，不仅不利于理顺机构之间的相互关系，而且会产生更大的道德风险，最终带来更大的行业风险。

第三，再保险公司经营失败的风险一般不纳入保险保障风险的范围，但需要国家通过保险保障基金以外的其他形式施以援助。由于直保公司的保险公司通过再保险的形式分散与转移了风险，对再保险公司征收保险保障基金会出现重复缴纳保险费和重复保险的问题，但鉴于其经营失败可能直接导致再保险功能的丧失，产生很大的负外部性，需要对其在事前进行特别监管以及事后通过同业救助和政府财政补贴等保险保障基金以外的其他形式施以援助。

（五）保险保障制度的发展历程

大体来看，保险保障制度的发展体现在保障基金功能等方面的发展和完善。例如，一些国家保险保障基金的功能在强化。例如，日本在 1996 年 4 月分别建立了人寿险及非人寿险的保险保障基金，并于 1998 年 12 月成立了人寿险保障公司（PPCJ）和非人寿险保障公司（NPPCJ）分别管理这两只基金。基金主要是向接手的救援公司提供财务援助以及在没有企业提供援助的情况下承担破产公司的赔偿责任。根据 2000 年实施的《保险法》对于部分条款的修改，基金又新增了建立过渡子公司以临时接管破产公司的保险合同以及向因短期现金流问题而无力支付赔偿的保险公司提供贷款。在没有公司愿意承接高风险公司保单时，由保险保障基金建立一个子公司作为搭桥公司，由搭桥公司接管高风险公司并承接其保单。我国于20世纪90年代开始征收保险保障基金，在2005年1月1日起正式建立保险保障基金制度，并在2008年9月11日颁布了进一步完善的《保险保障基金管理办法》，成立了中国保险保障基金公司，这标志着我国保险保障基金进入了公司化管理模式阶段。

二、保险保障基金理论分析

保险保障基金，有的国家或地区也称作安全基金、安定基金或保险业风险保证基金等。保险保障制度的建立首先源于保险市场自身的脆弱性。保险行业主要是通过接受其他经济主体转移过来的各种风险获得收益，投保人之所以参与投保，是为了获得对未来不确定性的保障，这导致投保人对保险公司的安全性相当敏感，公众信心成为保险公司生存的基本和关键支撑。而公众信心除了受合理的预测因素影响之外，还受很多干扰因素影响，其中很重要的一种是由于某些重大突发事件引致的公众对保险公司的悲观预期，这种悲观预期在潜在的投保人和保单持有人之间迅速传播，保单持有人将面临个体理性与集体非理性的冲突，并通过博弈最终会形成一个纳什均衡，即无论其他保单持有人采取何种策略，对任意一个保单持有人来说的最佳选择都是退保。这种现象会导致保单持有人集体逃离某家公司，从而可能会使得一家经营尚可的保险公司面临破产，通过这种方式，使得投保人的悲观预期有自我实现的机制。同时，如果任由一家问题保险公司破产而不建立相应的救助机制，可能会引发投保人对整个保险行业的不信任，从而产生连锁反应，导致整个行业发展水平的停滞甚至倒退。

另一方面，建立保险保障基金制度的目的是为了保护信息不对称条件下保单持有人的利益。根据金融监管理论，政府以及某些独立中介机构之所以具有对保险行业的监管职责，是因为个人投保人无法获得充分信息，对保险公司财务状况的识别能力及监督能力低下，保险公司的破产损失如果由投保人独自承担并不公平。因此，各国保险监管机构要担负起保护保单持有人利益的责任，除对保险市场的准入行为、保险公司的财务状况进行有效监管外，也需要建立和完善一种在保险公司退出市场时的投保人保障机制，并且将之作为保险行业监管的组成部分。

（一）保险保障基金的性质

基于保险保障基金成立的主要理论基础，保险保障基金应该具备如下性质：

1. 保险保障基金是行业互助基金

首先，保险保障基金主要来源于保险行业。业内各保险公司分别按照国家法律规定的标准缴费，通过汇集行业内保险公司缴纳的费用形成保险保障基金。然后，将保险保障基金用于化解行业风险和保持保险行业稳定。这样，集中整个保险业中所有公司的力量处置个别保险公司经营失败风险，建立了一种保险行业的风险共担机制，有助于降低行业风险，促进保险业平稳发展。尽管为了防范保险公司的道德风险，保险保障基金制度通常把救助保单持有人作为首要原则，但这并不违背保险保障基金行业互助基金的性质。一方面，减少对经营失败的保险公司的救助，有助于激励保险公司稳健经营。另一方面，一旦经营失败的保险公司破产，保险保障基金通过救助保单持有人可以维护公众对保险行业的信心，进而促进保险行业的稳定发展。另外，保险保障基金制度为防范保险公司的道德风险，通常还会根据保险公司的风险状况确定差异化的费率结构，即风险大的保险公司和保险业务多缴，反之少缴，所以保险保障基金又可以理解为保险公司对自身风险缴纳的保险费。在这种条件下，保险保障基金又具有保险行业互助保险基金的性质。就此而言，保险保障基金是取之于保险行业，并用之于行业的互助保险基金。需要说明的是，一旦这一行业互助基金不能有效化解行业风险，还需要政府提供相应的支持。

2. 保险保障基金由政府主导

政府为了防止保险行业风险危及金融稳定和社会公共利益，积极推动保险保障基金制度的建立和完善，主导保险保障基金的运作和发展。具体而言，一是政府推动了保险保障基金制度的建立。尽管保障基金是行业互助基金，但保险保障基金制度通常不是行业自发建立的，而是政府为了维护保险行业平稳发展和维护社会稳定的公共目标，通过特定的法律、法规建立起来的，以立法的形式确立为长期、稳定的制度安排，并强制要求保险公司按照法定标准及时、足额缴费。就此而言，保险保障基金制度的建立是典型的政府推动的强制性制度安排。二是政府大力支持保险保障基金的运作和发展。尽管保险保障基金原则上是由行业内各保险公司集资建立，但各国政府在建立保障基金的同时，采用行政和财政等手段，支持与辅助保险保障基金的有效运作。三是政府为保险保障基金提供了潜在的担保。鉴于保险公司退市、清算可能产生的巨大负外部性，政府始终在为保险保障基金提供潜在担保。一旦保险保障基金不足以应对行业风险，即面临保险行业保障风险，政府就会采取多种手段予以支持，如前所述的最后贷款人支持、财政资金支持等。

从制度变迁和市场发展的角度看，政府的作用侧重通常也会随着制度和环境的变化而变化。在发展初期，行业和市场的力量通常较弱，政府会通过行政力量和法律手段推动建立保险保障基金制度，并通过财政等手段支持保障基金的正常运作。随后，根据保险市场的发展和行业风险处置的需要，进一步推动保险保障基金制度的改革，不断完善政府的支持政策。从中长期来看，随着保险保障基金制度的不断完善和保险市场的逐步规范、发展，行业力量不断增强，基金运作趋于规范，政府的干预也逐步减少。

3. 保险保障基金具有经营性

已经建立保险保障基金制度的国家，特别是在那些实行事前征缴的基金管理制度的国家，政府在设计保险保障基金整体制度时一般都需要事先考虑对基金资产的管理运作模式，以实现对预征基金的保值增值。因此，政府一般都会将征缴的基金交给专门的机构进行管理运作。尽管这些机构通常不以营利为目的，但要实施专业化管理、市场化运作，在维护保单持有人利益和保险行业整体利益的基础上，实现基金资金的保值增值。

（二）保险保障基金的职能

一般而言，稳定、效率、公平是评价金融监管有效性的标准。作为保险监管的一部分和保险行业最后的安全网，保险保障基金也要通过其职能的有效发挥实现稳定、效率和公平的统一。从各国的实践来看，保险保障基金的基本职能主要有风险救助和风险处置两个方面。

1. 保单持有人的风险救助职能

维护保单持有人的利益，是保险监管的重要目标，也是保险保障基金得以建立的基础。因此，保险保障基金的首要和核心职能就是对保单持有人的风险救助，维护保单持有人的权益。保险保障基金发挥救助职能的主要方式有：一是当保险公司出现问题时，保险保障基金需要在核对保单持有人信息的基础上，按照相关法律法规的规定，及时向保单持有人提供救助，尽量将需要弥补的资金在保险公司破产清算之前交给保单持有人；二是在问题保险公司清算过程中，保险保障基金作为保单持有人债权的集中代表，也要防止破产清算过程中的道德风险，力争在破产清算资产中能够划出一定的份额以弥补保单持有人未保风险部分，尽最大可能维护保单持有人的利益。而且对于持有长期寿险产品的保单持有人，各国普遍会延续他们的保险合同，以更好地保护保单持有人的利益。就此而言，保险保障基金是保护保单持有人利益的一种制度安排。

2. 问题保险公司的风险处置职能

除实现对保单持有人的救助外，保险保障基金的另外一个基本职能是参与问题保险公司的风险处置。大体来看，保险保障基金主要通过两种方式实现这一职能。第一，保险保障基金要在事先补偿保单持有人利益之后，接替保单持有人的权益积极参与问题保险公司的风险处置过程，通过债务重组、公司合并或者是破产清算等方式，实现问题保险公司的合理退出，防止单一问题保险公司的风险蔓延到整个保险行业之中。第二，即使问题保险公司没有出现破产倒闭，只要其经营活动过程中存在重大风险，保险保障基金也可以在该公司的风险处置过程中发挥更为积极的作用。

在第二种情况下，由于监管机构可能会存在"监管宽容"现象，为了更好地防范保险行业风险，需要充分发挥保险保障基金的作用，将其纳入保险公司风险监控体系之中，赋予其一定的风险监测和风险预警职责，将对问题保险公司的风险处置关口前移，与保险监管机构合作，及时发现保险公司存在的问题，并与监管机构一起及时提出风险处置方案。同时，在开展问题保险公司资金救助过程中，保险保障基金管理机构要注意发挥引导作用，促使问题保险公司积极进行财务重组或者引入其他投资者参与到问题保险公司的并购过程，化解保险行业风险。

（三）保险保障基金的作用

保险保障基金通过风险处置和风险救助对保险市场的发展起到了重要的作用：从稳定的角度分析在于克服保险市场的脆弱性；从效率的角度考察在于减少保险保障制度对保险市场带来的道德风险及市场竞争效率的损失等负面作用；从公平的角度看，在于维护保单持有人利益的同时保障经营失败的保险公司平稳退出市场，促进公平竞争。

1. 保障保单持有人利益

按照一般的破产规则，债务人破产后，债权人通过破产程序仍未获得清偿的债权即归于消灭。但为了避免保险公司破产产生的巨大负外部性危及社会大众的利益，必须对保险公司的破产处理采取特殊的措施。从各国情况看，建立保险保障基金的最基本目的是为了保障保单持有人利益，从根本上建立一种对被保险人进行有效保障的机制，避免因保险公司破产倒闭而导致众多被保险人受损。当保险公司不具偿付能力时，保障基金会按照法律规定进入风险救助和处置程序，相应地所有在保障范围内的保单持有人自动获得要求补偿的权利，从而使保单持有人的合法权益得到有效保障。

2. 维护保险业稳定发展

在保险市场和保险公司正常运转的常态情况下，通常也离不开保险保障基金作用的正常发挥。因为只有投保人的根本利益得到保障，投保人才会产生稳定的预期，而投保人的稳定预期是保险业健康发展必不可少的前提条件。另一方面，一旦有保险公司经营失败，出现偿付能力不足，保险保障基金通过救助保单持有人及进行相应的风险处置，可以实现其平稳退出，避免由此产生的动荡和不稳定，防止单个问题保险公司的风险蔓延到整个保险行业之中，从而维护保险行业的稳定与发展。

3. 促进保险市场竞争和提高市场效率

公平竞争和优胜劣汰，是发挥市场机制作用，提高市场效率的重要条件。而完善的退出机制是市场经济条件下保险市场通过优胜劣汰、有进有出实现良性循环的重要制度条件，也是保险市场趋于成熟规范的重要标志。保险保障基金作为显性保险保障制度下市场退出机制的一部分，通过风险救助和风险处置，在保障保单持有人利益的同时，将经营失败的保险公司淘汰出市场，有助于维护保险市场的竞争秩序，通过优胜劣汰不断提高市场效率。另一方面，保险保障基金制度通过市场退出和差异化的费率设计还可以有效防范保险公司的道德风险，也有助于对保险公司的稳健经营发挥正向激励的作用，从而避免保险市场失灵，提高市场效率。

（四）保险保障基金的定位

我国已经建立了保险保障基金制度，并且在 2004 年和 2008 年制定并修改了《保险保障基金管理办法》，对我国保险保障基金的相关问题进行了明确规定，那么，我国保险保障基金应该具备何种职能，在金融体系中发挥何种作用呢？这就需要研究我国保险保障基金的定位问题。分析我国保险保障基金与保险机构所有者、政府的关系以及保险保障基金在金融安全网中的作用，对我国保险保障基金的定位加以明确，细化职能，更好地发挥作用。

1. 保险机构所有者与保险保障基金的关系

对于保险机构的所有者而言，其参与保险市场的目的是获得高额的股东回报，但保险保障基金的存在在构造一种退出机制、维护保险市场稳定的同时，也会引致一种负向激励，使得保险机构所有者倾向于冒险经营，产生道德风险。因此，保险机构所有者与保险保障基金之间的关系是非常复杂的，需要从以下几个角度分析这一问题。

第一，保险保障基金对保险机构经营者具有正向激励作用。保险保障基金的产生建立了一种维护保险市场稳定的退出机制，解除了保险公司所有者的后顾之忧，保险公司所有者可以根据自身资产状况与风险承受能力确定自己的业务发展规划，为保险公司的正常经营打下了基础。同时，保险保障基金的建立及规模的壮大，能够有效地提高保险行业的公信力，增强社会公众对保险行业的信心，从而吸引更多的潜在客户加入到保险市场之中，有助于保险经营机构拓展新的业务以及拓展新的市场，为保险机构所有者获得更多的市场机会。

第二，保险机构所有者可能会面临缴纳费用与经营风险状况不匹配的现象。作为行业互助基金，保险保障基金的存在需要行业内各保险公司按照业务收入的一定比例缴纳费用，此类资金的支出会直接影响保险公司的净利润水平，降低股东回报，会影响股东投资的积极性。同时，保险保障基金制度的一个特性是使经营好的公司救助经营差的公司以维护行业的发展，这种制度框架下，大型保险公司缴纳的基金更多，其所有者收益受到的影响会更大，但其风险程度却远远小于小型保险公司，因此，在保险保障制度下，保险公司之间会面临缴纳费用与风险状况的不匹配，影响到大型保险公司所有者的积极性。

第三，保险机构所有者经营过程中会面临道德风险。保险保障基金的建立，可能引致道德风险。如前所述，保险保障基金的建立会导致保险行业的市场约束明显削弱，有可能会对保险机构所有者产生负向激励，激发其产生强烈的冒险冲动，利用其收益与风险的非对称性，大量从事高风险高回报业务活动，以获取高额的股东回报，这种道德风险可能会导致保险公司更多地开展高风险业务经营，尤其是那些经营状况不佳的保险公司为了扭转困境更有可能大幅提高经营风险，从而明显提升保险行业的整体风险，其破产的可能性大增，进而会导致对保险保障基金更大的需求，使整个保险行业运转陷入恶性循环。

2. 政府与保险保障基金的关系

由于保险保障基金涉及保险行业的稳定与保单持有人利益的保护，在设立保险保障基金的国家，政府对保险保障基金的活动或多或少的都会介入，因此，探讨政府与保险保障基金的关系，需要从以下几方面展开。

（1）政府在成立保险保障基金过程中的作用

由于政府在社会事务管理中的核心作用，维护社会稳定以及保护社会公众的利益成为其重要职能，当保险公司经营失败，面临破产之际，政府需要考虑由于其拥有的大量保单持有人，会影响到社会公众的利益，危及社会稳定，因此，政府需要参与到问题保险公司的处置过程之中，这一点是保险监管机构的重要职责。政府在处置过程中需要考虑如何维护保单持有人的利益，国际上一般有两种选择：一种是筹集一笔资金，用于救济保单持有人，即显性的保险保障制度；另外一种是政府（财政或中央银行）拿出一笔资金用于保单持有人的利益补偿，即隐性的保险保障制度。对于显性保险保障制度，政府在其形成过程中的作用也有所不同，在英国等市场经济较为发达的国家，行业内公司对于保险保障的重要意义较为认同，由行业协会牵头自发形成了各种保险保障基金，政府只是起到相应的引导作用；对于发展中国家而言，保险市场的基础较为薄弱，市场竞争不足，很难在行业内自发形成保险保障制度，这就需要政府在其中发挥重要作用，引导行业内各企业接受保险保障概念，主导保险保障基金的成立。

一般而言，发达国家采用显性保险保障制度的居多，而发展中国家采用隐性保险保障制度的居多，我国在保险保障基金成立之前，就是采用隐性保险保障方式处置问题保险公司，这也与我国保险行业主要是由国有企业组成有关，但随着保险市场的发展，私营及外资保险机构大量进入我国保险市场，再推行政府出资救助问题保险公司的政策就会存在社会意义上的不公平现象，因此，在政府特别是监管部门主导下，我国建立了显性的保险保障制度及保险保障基金。

（2）政府财政对保险保障基金的资金支持

显性保险保障制度建立之后，其资金来源就成为重要问题，一般而言，保险保障基金是作为行业互助基金存在的，是由行业内所有保险公司按照其业务收入的一定比例缴纳到保险保障基金管理机构，其资金的使用也以救助行业内问题公司为主。

以政府是否给予保险保障基金以支持划分为两种模式：有些国家在立法中明确规定政府不向保险保障基金提供任何资金上的帮助，行业的破产损失完全在行业内消化，这种模式要求保险行业本身较稳定，同时保险业成员财力雄厚，有能力形成较大规模的保障基金，因此这种模式一般在发达国家采用。另一种模式是政府采取一定的形式支持保险保障基金的发展，对于大多数发展中国家而言，由于其保险市场不发达，保险行业机构不具备建立财力雄厚的保障基金的实力，如果切断政府向基金提供援助的脐带，则保障基金制度往往难以为继，所以一般会明确政府提供初始资本以及在必要时追加资本的责任。尤其是在制度推行初期，政府为了壮大其规模，使其迅速发挥支持行业稳定、增强公众信心的职能，会给予一定的支持，主要形式可以是财政给予基金的管理机构拨付一定的资本金、给予基金融资的便利、对基金管理与投资提供一定的税收优惠以及在特定时候支持保险保障制度的隐含保证等。例如，美国大部分的州允许保险公司缴纳的保险保障基金 100% 抵扣保费税。

发展中国家要建立起稳固可靠的保险保障基金制度应满足三个必要条件：需要一个稳定的金融体系；政府对保险业采取谨慎的监管态度；政府有意愿对保障基金制度提供财力支撑，使其渡过初创时期和困难时期。

值得注意的是，政府在特定时候的救助不能形成一种固定的制度，否则保险保障基金管理机构也可能会对问题保险公司疏于管理，形成真正的亏损，并且随意使用所有纳税人的税收弥补非审慎经营公司造成的亏损，这种形式的道德风险也会导致另外一种形式的不公平。因此，政府的救助在应用于特定机构时应存在"创造性的模棱两可"，即通过随机地救助问题保险公司的方式淡化事先的政府担保，避免事先的承诺和预期导致保险公司和投保人保持谨慎与警惕的动力不足。

（3）政府与保险保障基金管理运营之间的关系

由于保险保障基金属于保险监管的有机组成部分，所以政府在保险保障基金的管理方面也会有较大的发言权，从各国保险保障基金运行情况看，政府与保险保障基金的管理运营之间的关系存在两种情况。

一种是行业自律管理为主的方式，这种方式在英国较为典型，英国的保险行业发展具有悠久的历史，保险市场自由化程度很高，行业自律是其保险业监管体系的一个核心部分，保险行业公会发挥着重要作用，保险保障基金的管理运作也受到行业公会的指导与管理，政府在其中的作用非常小。

另一种是政府频繁参与到保险保障基金的管理之中的方式。比如，同为发达国家的美国，其保险保障基金组织受政府控制干预就很多。美国的保险保障组织都是各州政府主导建立的，因此，几乎所有州的保障基金委员会中都有在州政府的保险监管部门工作过的委员，此外，某些州的保险保障基金资金运用权实际上掌握在州政府手中，从而导致基金被挪用作其他非保险保障的用途。

对于大多数发展中国家而言，普遍存在政府以行政手段调控保险业的传统，并且在保险保障基金成立之后，政府与保险保障基金之间在资金上也存在密切的联系，至于保险行业自律组织的作用则相对薄弱，建立一个由行业成员共同管理的公共机构几乎是不可能的。因此，为了更好地发挥保险保障基金的作用，实现保险行业的稳定，防止保险风险蔓延成为公共风险，发展中国家的政府或多或少都会介入到保险保障基金的管理，一方面，政府保险监管部门会加强对保险保障基金管理机构的约束，在资金筹集、资金使用以及资金的管理过程中发挥更大的作用，甚至在救助对象的选择方面也要受到监管机构意图的影响；另一方面，发展中国家的保险保障基金管理机构往往也会带有半政府机构的性质，保险监管机构以及财政部门、产业管理部门等其他相关部门会在对保险保障基金的管理考核过程中发挥重要作用，因此，保险保障基金管理机构在开展管理运作过程中，也往往需要从政府的角度进行考虑。

3. 保险监管机构与保险保障基金的关系

从理论上分析，社会公众与保险监管机构之间是一种"委托—代理"关系，但作为政府经济管理的一部分，监管机构也有自身的利益诉求，处于这种利益要求下的监管机构在处理具体问题时可能并不完全符合社会公众的利益，比如在问题保险公司处置过程中，监管机构可能会倾向于重组或并购，并且对问题公司存在一定的监管宽容，其目的是维持这些公司的运转，使问题逐步积累并扩大化，最终导致社会付出更大的处置成本。

因此，保险保障基金作为整个保险保障制度的重要组成部分，也需要承担相应的职责，为此，在制度设计过程中，需要维护保险保障基金管理运作的独立性，为其能够发挥更大的作用提供保障。保险保障基金的独立性主要体现在以下方面：一是要明确监管机构及保险保障基金在处置问题保险公司过程中的职责范围，明确保险保障基金使用程序；二是要增强保险保障基金资产投资运作过程的专业化、市场化程度；三是要维护保险保障基金救助问题公司时决策程序的相对独立性，监管机构可以向保险保障基金通报相关公司情况，最终需要保险保障基金董事会集体决策，作出是否救助、采取何种方式介入以及救助规模等决定。

另外，为了维护金融行业的稳定，保护债权人的利益，很多国家建立了金融安全网，主要通过加强公司内部控制、提高行业自律、实施有效监管等手段提高金融行业的稳定程度，增强公众信心。在金融安全网中起核心引导作用的是金融监管机构，金融监管机构通过市场准入、风险资本监管、日常经营合规稽核以及市场退出等制度的建立，对金融机构进行监管，保险行业也是如此。而保险保障基金作为保险行业监管的有机组成部分，是保险行业市场退出机制的重要制度安排。

无论从理论还是实践的角度看，保险保障基金一般都被视为保险市场上的最后一道安全网，其作用主要在于维护保单持有人利益，防范和化解行业风险，维护保险行业的稳定，与此同时，保险保障基金制度固有的道德风险问题也会给金融安全网带来一定的负面影响，因此，设计保险保障基金制度之时要对相关因素进行权衡，突出制度设计中的职能选择，更好地发挥保险保障基金"最后防线"的作用。

4. 结论：保险保障基金的定位

作为显性保险保障制度的典型形式，保险保障基金是用市场化的手段解决保险行业退出问题的重要制度安排，但保险保障基金的几项职能之中具有内在的不一致性。为了更好地发挥保险保障基金的职能，需要研究保险保障基金的定位问题，确定保险保障基金在整个保险行业及监管之中所希望突出发挥的职能，并且从本国政治制度、经济制度、文化传统、经济和市场发展水平以及保险业自身的特点等诸因素的情况出发，选择不同的制度安排。

对于保险保障基金的定位，在不同的层面有不同的选择方案：

（1）从保险保障基金职能发挥的角度考虑，可以将保险保障基金定位成以维护保险市场稳定有效为主，还是以保护保单持有人的利益为主？（2）从对保单持有人利益保护的充分性的角度考虑，可分为是充分保护保单持有人利益，还是合理保护保单持有人的利益？（3）从政府在保险保障基金制度中发挥作用的程度分析，有弱化政府影响的行业自律形式和政府主导形式。（4）从对问题保险公司救助的进入次序的角度划分，有事前介入为主还是事后救济为主。

从保险保障基金重点职能角度分析，发达国家的保险保障基金制度更为重视的是对保单持有人利益的保护，同时也较为关注该制度对保险行业竞争效率带来的不良影响；而发展中国家更为重视的是维护保险行业的稳定和有序发展，同时维护保单持有人的利益。

从对保单持有人利益保护的充分性角度看，对于发达国家而言，由于其保险行业机构的实力雄厚，积累的保险保障基金金额相对较大，有能力也有必要为保单持有人提供更充分的保护；但对于大多数发展中国家而言，由于其保险市场尚不成熟，保险机构的实力较弱，如果一开始就试图建立一个财力雄厚、对保单持有人保障充分的保险保障基金，不仅会加重保险从业机构的负担，随着保险公司成本转移机制的建立，最终会加重保单持有人的负担，不利于保险市场需求的增长以及保险产品的多样化发展，因此，发展中国家在实现对保单持有人合理程度保护的基础上，大都借助于政府隐性保障机制的力量，以一种较为经济的方法明显提升保险行业的公信力，并且借以促进行业发展。

从政府在保险保障基金制度中发挥的作用看，发达国家政府在确定保险保障基金制度之后，基本上就很少继续参与到保险保障基金的经营管理活动之中；而发展中国家的政府不仅在保险保障基金制度确立中发挥着积极的引导作用，而且参与到保险保障基金的管理运营过程中，对基金的救助对象、救助标准、基金参与程度等各方面都有具体的限定。

从对问题保险公司救助的进入次序看，发达国家由于强调保险市场的竞争效率，并不希望保险保障基金的作用非常突出，只要能够在保险公司经营失败之时及时向保单持有人提供救济即可，因此，采用事后介入方式的情况居多；而发展中国家强调的是维护保险市场及行业的稳定，希望保险保障基金在此过程中发挥更多的作用，因此，普遍采取的是事前介入的方式。

在保险保障基金制度突出职能的选择和定位中，不存在一种普适的制度或者普适的模式，保险保障基金制度的设计一定要遵循客观规律，切合本国国情和发展阶段要求，体现本国特色。

保险保障基金制度的建立是我国金融领域的一项重大改革和制度创新，它意味着我国长期以来实行的"金融机构退市，国家财政兜底"的金融机构救助体制在保险领域被打破，它将保险市场上隐性的国家信用支持直接转换为制度化的行业信用，由政府隐性保险保障制度转型成显性保险保障制度，这种转化在保险行业日益市场化的情况下是非常必要的。

大体来看，我国保险保障基金制度进行定位时需要作出如下选择：

第一，在保险保障基金制度的职能选择中，要突出稳定和发展保险业的作用，同时采取一定措施保护保单持有人的利益，而兼顾克服"道德风险"的激励机制设计。

第二，从保险保障基金对保单持有人利益的保护程度看，我国保险保障基金制度在显性的保险保障机制下，保障能力并不是非常充分的，但从对个人保单持有人的利益保障角度看，应该还是能够给予充分保护的。

第三，从政府与保险保障基金的关系看，我国政府对于保险保障基金的资金来源以及日常经营管理都有很强的话语权。鉴于我国保险市场的发育程度，单靠行业力量建立财力雄厚的保障基金是不太可能的，而且在行业正急需资本以求发展的阶段，这样做也不合时宜，因此政府应在保险保障基金的筹集过程中发挥积极的作用，通过向基金注入初始资本以及在基金耗尽时给予有偿资金支持等方式支持基金的规模增长。在保险保障基金的管理运作过程中，也要积极发挥政府监管机构的职能。

第四，对于事前介入还是事后介入的选择，我们认为，由于保险保障基金作为保险监管的有机组成部分，其有义务在事前参与到问题保险机构的处置过程，及时了解情况，有针对性地提出问题保险公司退出方案。

（五）保险保障基金的运作分析

为了实现保险保障基金的职能，必须对保险保障基金运作的全过程作出相应的制度安排。保险保障基金制度是围绕着保险保障基金的一系列行为规则和程序的安排，这些规则和程序涉及使保险保障基金有效发挥职能的各个环节，包括基金筹集、基金日常管理、基金使用、基金投资运作的政策等。

合理的保险保障基金制度应消除保险公司管理层与股东从保险保障基

金中获取好处的预期，设计不良的保障基金制度会增加保险公司和管理者的道德风险，无法实现有效保障投保人利益的目标，因此，必须谨慎设计我国保险保障基金制度所包含的各运作环节。

对于上述每个主要环节都存在多种安排可供选择，不同设计方案组成的保险保障基金制度体现职能上各有侧重，每种方案选择和制度安排都有优劣之分，并且优劣之分不是一概而论，而是依国情不同适时适势而定的。

1. 资金筹集

保险保障基金作为一种以自我筹资为基础建立的行业互助基金，在资金筹集方面的制度设计至少需要解决以下几个基本问题。

（1）基金筹集的制度安排

按保险保障基金筹资方式的不同，可以将基金制度划分为事后筹集制度与事前筹集制度。

事后筹集制度是指只有当保险公司破产事件真实发生时，基金组织才按照事先规定的筹集原则，将受保障保单债务与破产偿付资产的差额在幸存行业成员之中分摊，在损失发生之前基金账户之中并没有实际的资产。采用事后筹集制度的理由是，保险保障基金对公众信心的支持是观念上的，只要保险公司承诺在基金具有需求时及时足额的缴纳即可，并不需要存在一个真实的基金以增强社会公众的信心；另外，事后筹集制度的好处是减少了对行业内公司资金的占压，保险公司在没有缴纳之前可以有效地运用这部分资金，同时，没有实体基金就没有基金组织的运行成本。

事后筹集也存在明显的缺点：首先，当破产事件发生时，行业内公司需要在较短时间内集中缴纳基金份额，这无疑会对保险公司的流动性带来巨大压力，尤其是伴随行业危机发生保险公司破产的情况下，各公司都可能面临经营困难，此时要求行业机构缴纳基金份额无疑是雪上加霜；其次，在事后筹集制度下，破产公司可以免除缴纳保险保障基金的责任，从而对保险公司股东与管理层产生了负向激励，促使其在面临经营难题时会加大冒险冲动；最后，事后筹集的基金制度本身具有不稳定性，由于宣告清算可以逃避向基金缴费的责任，因此，当行业危机出现时，宣告破产成为行业内公司的理性选择，这不利于保险行业的稳定，同时，破产公司的增加，使得幸存公司向基金缴费的负担大幅增加，公司难以承担如此沉重的负担，从而将导致基金制度的破产。

事前筹集制度是指基金份额由行业内公司按照规则定期缴纳的制度，因此，保险保障基金先于破产事件之前而存在。事前筹集的方案使行业内公司可以分期缴纳基金份额，减少了短期集中支出大量资金的压力，也具有以丰补歉的功能。同时，在事前筹集制度下，保险公司未破产之前均需缴纳保险保障基金，从而没有通过破产逃避基金缴费责任的负向激励，有利于抑制保险公司的"道德风险"，增强保险保障基金制度的稳定。同时，基金资产的事先存在也有利于破产程序的顺利进行，有助于对保单持有人的救助迅速到位。

事前筹集制度需要建立基金管理机构，增加制度的运行成本，同时，拥有具体资产的基金还面临着基金资产的资金运用和保值增值问题，但是基金支付需求的不确定性使基金资产的有效运作面临困难。此外，由于事前很难预测保险公司破产情况及由此带来的损失，在事前筹集制度下，保险保障基金费率的制定以及预期合理规模的大小很难确定。

保险保障基金资金筹集制度的选择在不同国家面临不同的情况，也没有一定之规，但一般而言，由于发达国家的保险公司实力雄厚，可以在较短时间筹集大额基金份额，并且保险监管机构的作用能够得到较好的发挥，能够在很大程度上抑制保险公司的"道德风险"，保险公司运作规范程度较高，因此，出于降低成本的考量，事后筹集制度更为合适。但对于发展中国家而言，虽然事后筹集制度能够减少保险公司的定期缴费金额，但要求保险机构在破产出现时一次性缴纳大量资金会存在明显问题，同时，发展中国家保险市场体系本身不稳定，存在较多和较明显的监管漏洞，公司经营不规范，很容易出现基金缴费的道德风险，因此，事前筹集制度在约束公司经营行为、稳定行业、降低一次性支出压力等方面要优于事后筹集制度。

（2）保险保障基金的征收政策安排

向行业成员收缴基金份额是保险保障基金的主要融资渠道，但在设计基金征收制度时应注意以下问题。

一是是否实行单一费率。按照保险公司缴费率的水平不同，可以将保险保障基金的费率分为单一费率和复合费率。单一费率是指对保险公司的所有业务均采用一种费率计征，这种方法的优点是容易操作，但对业务结构不同的保险公司是不公平的。复合费率是指对保险公司的不同业务，根据风险和经营管理的情况不同确定不同的费率标准。一般而言，单一费率适合保险公司业务较为单一的保险市场，复合费率适合保险公司业务复杂的保险市场。

二是是否推行风险费率。按照保险保障基金征收时的费率是否考虑保险业务的风险状况，可以将保险保障基金的征收费率分为平均费率与风险费率两类。按平均费率计征是指以保费收入为基数，乘以无差别的费率计征。这种计征方法的优点是简便，容易操作，但这种保费的征收方式与公司的经营风险状况无关。在这种情况下，风险控制能力强的公司为基金制度作出更大的贡献，从而导致公司负担不公平，同时，也不利于抑制公司的"道德风险"。风险费率按保险公司破产的可能性以及破产后可能给基金带来的损失额来厘定。风险费率在确定过程中需要考量公司的投资风险、承保风险、巨灾风险等一系列经营风险的内容，因此其合理性与公平性明显强于平均费率。但风险费率的确定需要考虑的因素非常多，而且费率水平如何更为合理也没有一个行业内统一的标准，所以，风险费率的推行存在明显难度。

三是要合理确定基金征收的范围。对于保险保障基金来讲，并非所有的保险业务都处于其保障范围之内，一般而言，政策性保险的保障、再保险的保障以及保险公司开展的客户资产管理业务等就不属于保险保障基金的覆盖范围，因此，要合理征收保险保障基金，就需要按保障程度与范围对公司业务额进行细分，界定保险保障基金的覆盖范围，并且在确定征收范围时要包括所有属于基金保障的保险业务。

（3）巨额损失发生时基金的紧急融资渠道问题

建立正规保险保障基金制度遇到的最大问题是如何化解巨额破产损失，由于保险保障基金在发生行业性危机时可能被耗尽，而当基金资产无法偿付行业破产损失时，保险保障基金制度可能也会面临破产，这是保障基金制度面临的最严峻的问题。为防止此种情况的出现，必须要为保险保障基金建立紧急情况下的资金融通渠道。一般而言，保险保障基金的紧急融资渠道分为内部融资和外部融资两类。

内部融资是指基金内部各账户间的融资，由于保险保障基金是按照不同险种征收的，如果行业危机并非影响整个保险行业而只是影响到某一个或几个险种的经营企业之时，基金管理机构可以安排基金内部各账户的借贷。比如，某一地区发生强台风使一些区域性或以家庭财产险为主业的公司破产，此时基金管理机构可以用责任险、车险等账户的结余向家庭财产险账户融资，但这种内部融资也应是有偿的。

外部融资是指基金管理机构向外部机构融入资金的情况。当保险行业整体面临风险时，保险保障基金的内部融资已经不可能，因此，其必须可以通过其他方式向外部机构进行融资。具体形式可以有：

一是向中央银行申请资金救助。中央银行作为一国金融体系的最后贷款人，在该国的金融安全网的建设与运行中具有重要作用，保险保障基金等机构可以利用中央银行的资金化解行业面临的风险。例如，我国的证券投资者保护基金主要就是通过向人民银行申请再贷款，在短期内获得了对破产的证券公司进行风险处置所需的巨额资金，截至 2009 年 2 月底，证券投资者保护基金公司共承借再贷款 229 亿元。

二是申请商业贷款。保险保障基金的征缴是一个长期持续的过程，虽然在某一时点上可能会面临收不抵支，但从长期看，保险保障基金的规模在不断增加，保障能力不断增强。因此，基金管理机构可以用未来的收费权为质押，向银行申请质押贷款融入资金。

三是定向或非定向发行金融债。保险保障基金管理机构有国家信用的支持，同时每年都有稳定的保险保障基金流入，因此，保险保障基金管理机构可以在专业评级机构和债券发行机构的辅助下，向社会公众或者是大型机构投资者发行特种金融债融入资金。

四是申请政府资金支持。由于保险保障基金的公共性，国家财政在行业危机时可以进行适当的资金投入，以维护社会公众信心、增强保险保障基金制度的稳定。国家财政的具体介入方式可以是紧急情况时的追加基金资本金、贴息方式承担部分基金管理机构借入的商业贷款的利息偿还。

在出现行业危机时，保险保障基金可以通过上述前三种方式融入资金，但保险保障基金很难真正依靠上述几条融资渠道解决危机时的巨额资金需求，而真正能够解决这一问题的关键因素是政府有意愿向基金提供紧急财力支持，这一点在 2008 年国际金融危机的处置中已经得到了验证。

2. 基金管理

保险保障基金作为保险公司自我筹集形成的行业互助基金，其管理模式与机制的选择关系到基金的使用是不是能够代表行业的利益，特别是作为金融安全网的一部分，保险保障基金的管理受到制度的高度关注，要在加强保险保障基金管理的同时，厘清政府在保险保障基金管理中的作用。

一般而言，建立保险保障基金的国家通常有几种管理模式：

一是理事会模式。理事会模式是由行业代表和第三方人员共同组成理事会，负责基金的日常管理和使用的决策，有的国家也将监管部门代表加入理事会之中。理事会既是基金的管理机构，又是基金运作的监督机构。有些国家的基金管理委员会根据工作的内容，下设若干委员会负责实际工作。

二是专门公司模式。政府成立专门的保险保障基金的管理公司，以公司化的方式管理保险保障基金，建立董事会、监事会与管理层共存的公司治理结构，该机构的董事一般由行业成员推荐选举产生，监事由政府监管部门的官员和保险公司代表共同担任，董事会、监事会成员的产生程序、权利、责任都要在相关立法中作出规定。

三是监管部门代管的模式。在这种模式下，监管机构根据国家法律法规，将应缴纳的保险保障基金集中起来，放入法定账户，并且在需要救助问题保险公司之时动用。

除第三种模式外，理事会模式与专门公司模式都需要解决它们与政府监管机构以及单一行业成员之间的独立性问题。

一般而言，保险保障基金管理机构应该独立于政府监管机构与行业内单一成员，这种双重的独立地位是它代表行业利益、行使保单持有人救助职能的根基所在，因此，基金管理机构要建立专家队伍，独立对基金的缴费比例、救助问题保险公司、偿付保单持有人等问题作出决策，真正实现行业互助的目标，维护行业稳定。

虽然各国的保险保障基金管理机构一般是独立运营，并不在政府职能部门管辖范围内，但由于保险保障基金已经成为国家金融安全网的一部分，因此，在其运作过程中，还是需要与行业监管者进行紧密配合。例如美国各州的保险监督官是基金理事会成员或有权与会，并且基金理事会的很多成员都曾经在保险监督机构任职；加拿大监管当局可以召集和列席基金理事会会议。另外，基金的运作与使用也必须经地方法律法规批准等，这些规定都体现了监管机构可以参与保险保障基金的重大决策。

3. 基金使用

保险保障基金的使用主要有两大方向，即偿付保单持有人和处置问题保险公司，这也是一般意义上保险保障基金的两大重要职责。

对于偿付保单持有人，出于防范保单持有人道德风险考量，几乎所有建立保险保障基金制度的国家都在相应的法律法规中明文规定只对破产公司保单持有人提供部分补偿，由于理论上商业机构在获取、分析信息的能力上强于个人，理应对自己的选择负责，因此，保险保障基金的保障范围一般以个人投保人为主。

对问题保险公司的处置，实际是基金管理机构保障保单持有人利益的深化，保险保障基金管理机构参与到问题保险公司的处置，实际上是希望能够使问题保险公司重新获得发展动力，维持业务活动的开展，在这种情况下，保单持有人的利益实际是全部得到补偿的，因此，保险保障基金参与到问题保险公司的处置，是有利于保护保单持有人利益的，也是基金管理机构向保单持有人提供保障的过程。从实践看，保险保障基金处置问题保险公司的方式可以分为四类：赔付或转移保单、购买与担保交易、财力支持的兼并、对问题保险公司直接注入资金帮助其恢复。

不同国家的基金管理机构参与到问题保险公司处置的情况也各不相同，根据基金管理机构在处置问题保险公司权限上的差别，可以将保险保障基金制度分为有限行动能力模式与自主模式两类。在有限行动能力模式下，保险保障基金管理机构只有在公司进入破产程序后才发挥作用，并且只能按照相关法律的规定，向保障范围内的保单持有人偿付限额以内的资金，它们无权对问题保险公司进行重组或运用财力来帮助潜在的兼并者完成兼并，其最大限度的职能是将倒闭公司拥有的在保障范围与额度内的保单转移给另一家正常经营的保险公司。

在自主模式下，基金管理机构除按法律规定对保单持有人进行赔付或为保单持有人转移保单之外，还被允许相机运用其他处置手段作用于问题保险公司，如引导问题保险公司的重组、兼并等。基金组织采用这些手段时保障程度与范围事实上扩大了，基金运用这些处置手段的时机一般是指公众信心因公司倒闭而严重丧失，使保险公司连锁倒闭的情形成为可能。

目前我国保险保障基金处置问题保险公司的案例不多，代表性的是在2007年5月底，我国首次动用保险保障基金购买新华人寿股东持有的新华人寿的股权，并在2009年11月将该部分股权出售给汇金公司而实现了基金资产的退出。这次操作方式属于自主模式，但在保险保障基金管理公司成立之后，有限行动模式在某些时候就成为保险保障基金参与保单持有人风险救助的更好的选择，为了更好地发挥保险保障基金的作用，需要在有限行动模式与自主模式之间找到更为恰当的平衡。

4. 基金投资运作

由于保险行业的复杂性，预先确定一个时期内破产公司的数目和规模是不可能的，因此，试图使保险保障基金的使用与基金的缴纳在时间与金额上完全匹配的努力是无法实现的，所以，实行事前筹集制度的国家，其保险保障基金会存在一定的余额，这就面临对该项余额的资金运作问题。

由于保险保障基金的性质，其资金必须要首先能够保证用于问题保险公司的处置，但问题保险公司的出现具有一定的突发性，因此，保险保障基金投资运作要遵循以下基本目标。

第一，安全性。保险保障基金作为保险公司以自我筹集为基础的行业互助基金，其资金的安全性是放到首要位置的，资金的安全性包括两个方面：一是基金不能被挪用，二是不能使基金的本金遭受损失。

第二，流动性。保险保障基金的资金需求具有突发性的特点，因此，保险保障基金在投资运作过程中不能进入流动性不足的产品或市场之中，以防止因流动性不足而导致保险保障基金无法及时偿付保单持有人。

第三，收益性。保险保障基金的投资运作就是为了获得投资收益，因此，收益性也是保险保障基金投资的目标，但这种收益性是以安全性与流动性为前提的，或者说是要使保险保障基金在一定风险程度下实现收益最大化。

在这样的目标下，保险保障基金的投资品种选择主要应该是安全性强、流动性好的金融工具，一般而言，世界各国的保险保障基金资金运用主要限于政府债券、银行存款（包括大额定期存单）、票据、高等级信用债等。在此需要厘清的是，虽然保险保障基金在处置问题保险公司过程中也会获取问题保险公司的一定股份，并且最终整合出售时也可能会带来相当丰厚的回报，但保险保障基金的这种行为不能视为一种投资行为，其根本的出发点是全额维护保单持有人的利益，因此，需要对保险保障基金的问题保险公司处置机制加强监督，以保证其运作过程并不是以获取投资收益为目标的。

保险保障基金在开展投资运作时可以选择委托投资的模式，通过严格的程序，选择一些有能力的资产管理机构从事基金的投资管理，同时，也要将委托管理的这部分资产进行托管，由托管行代替保险保障基金对投资管理人行为行使相应的监督权利。

三、我国保险保障基金面临的风险和矛盾及其他国家（地区）经验借鉴

（一）我国保险保障基金面临的风险和矛盾

我国对保险保障基金的征收开始于 20 世纪 90 年代。1995 年发布施行的《保险法》和 2002 年新修订的《保险法》都明确要求建立保险保障基金制度，并规定了保险保障基金"集中管理、统筹使用"的原则。在 2005 年之前的一段时间里，保险公司根据财政部 1998 年发布的《保险公司财务制度》的规定，只对财产险、意外险、短期健康险和再保险业务提取保险保障基金，寿险、长期健康险业务不提取保险保障基金，保险保障基

应有的保障范围明显受到限制。而且，保险公司提取的保险保障基金都留在各公司的账上，既没有按照《保险法》的要求进行"集中管理"，也没有做到"统筹使用"。自2005年1月1日起《保险保障基金管理办法》施行，对保险保障基金的性质和基本原则、缴纳、管理和监督、使用、法律责任等作出了明确规定，将寿险和长期健康险纳入保险保障范畴，这标志着我国保险保障基金制度正式建立。

2006年6月15日，国务院发布了《关于保险业改革发展的若干意见》，指出要"完善保险保障基金制度，逐步实现市场化、专业化运作"，确定对保险保障基金采取公司制管理、专业化运作的管理模式。按照该意见的要求，2008年9月11日，中国保监会、财政部、中国人民银行联合发布了《保险保障基金管理办法》，明确了保险保障基金的管理模式，调整了保险保障基金的缴纳范围、缴纳基数，以及部分保险业务的缴纳比例，完善了保险保障基金的管理运作，并对投资渠道等进行了修订和完善，有助于进一步强化保险保障基金的风险屏障功能，维护保险市场的平稳、健康发展。2008年9月中国保险保障基金公司正式挂牌成立，负责保险保障基金的筹集、管理和使用，这标志着我国保险保障基金进入了公司化管理模式阶段。中国保险保障基金公司为国务院批准成立的国有独资公司，属于非营利性企业法人，其注册资本为1亿元。董事会由9名董事成员组成，分别来自保监会、财政部、中国人民银行、税务总局、国务院法制办及3家保险公司。中国保险保障基金公司的董事会将依据修订后的《保险保障基金管理办法》，按照市场化、专业化的原则加以管理。

保险保障基金制度的建立，在保险业打破了我国长期以来实行的"金融机构破产，国家财政兜底"的隐性担保体制，形成了保险保障基金提供显性保险的制度，并不断完善和发展。除了具有显性保险制度通常所具备的优点外，我国保险保障基金制度在有效化解、处置保险业风险和促进保险业的平稳发展的实践中已经发挥了积极的作用，对高风险保险公司的风险处置取得了明显的成效。但同时也要看到，由于多种因素的影响，我国保险保障基金制度还面临着一些突出的矛盾和问题，需要高度重视，及早加以解决。

1. 行业风险大，基金规模小

（1）保险行业风险较大

近年来，伴随着国民经济的持续、快速、健康发展，我国保险业保持了良好的发展态势。一是保费收入平稳较快增长。特别是党的十六大以来到 2008 年，保费年均增长 20%，2008 年保费收入近万亿元，全球排名第六位。2009 年末，保费收入达到了 11 137.3 亿元，同比增长 13.8%，我国保险行业年度保费收入首次突破 1 万亿元。二是资产规模持续扩大。截至 2008 年底，保险业总资产超过了 3.3 万亿元，2009 年保险公司总资产进一步增长到 4.1 万亿元。三是股权结构改善，资本实力提高。近三年来，约有 85 家公司进行了增资扩股，募集资金 1 180 亿元。四是市场主体结构日益优化。2008 年末，保险市场主体由 2007 年的 120 家增加到 130 家。同时，专业保险中介市场从无到有，初步形成了功能相对完善、分工比较合理，公平竞争、共同发展的保险市场体系。五是市场集中度进一步下降，市场竞争更为充分。2008 年，产险公司中，前四家公司原保险保费收入所占的市场份额为 71.7%，比上年下降 1.1 个百分点；寿险公司中，前四家公司原保险保费收入所占的市场份额为 71%，比上年下降 1.9 个百分点（吴定富，2009 和 2010）。

与此同时，保险业体制改革在不断推进。一是建立了现代保险企业制度，进而完成了上市。2003 年 11 月，中国人保在香港挂牌上市，成为我国第一家在境外上市的国内金融企业，拉开了国内保险公司上市的序幕。中国人寿和中国平安、中国太保等公司陆续在国内外上市。目前，除经营政策性业务的中国出口信用保险公司外，所有中资保险公司都采取了股份制的组织形式。二是完善了保险公司治理结构。制定了《关于规范保险公司治理结构的指导意见（试行）》及配套制度，建立起规范的保险公司法人治理结构。通过引入战略投资者，优化股权结构，强化股权约束，初步形成了权力机构、决策机构、监督机构和经营管理者之间的有效制衡机制。三是构建中国特色的现代保险监管体系。一方面，初步建立三支柱现代保险监管框架。立足于保险业发展实际，借鉴国际保险监督官协会核心监管原则，建立了以偿付能力、公司治理结构和市场行为监管三支柱的现代保险监管框架。另一方面，防范风险的五道防线基本形成。以公司治理和内控为基础、以偿付能力监管为核心、以现场检查为重要手段、以资金运用监管为关键环节、以保险保障基金为屏障，构筑了防范风险的五道防线，完善了事前防范、事中控制和事后化解三个环节，基本形成了防范化解风险的长效机制。总体来看，近年来我国保险行业风险得到有效防范。例如，2002 年以前，保险业整体净资产为负数，主要公司的偿付能力严重不足，历史包袱沉重，保险公司缺乏风险防范意识和能力。经过几年来的发展，截至 2009 年末保险业净资产已经达到 3 904.6 亿元，历史遗留的利差损包袱基本得到控制，保险公司治理和内控制度建设不断加强，正在走上可持续发展的良性轨道。目前，保险业整体偿付能力充足，不良资产率较低，保险行业风险总体可控。但同时也要看到，我国一些长期积累的矛盾和问题仍然较为突出，在国际金融危机和严重自然灾害的影响下，保险市场仍然存在的一些不容忽视的风险因素，例如保险公司利润降幅较大，尤其是要警惕个别保险公司的偿付能力不足的风险。

首先，保费收入增速下滑的风险。2009 年前三季度，全国实现保费收入 8 580.3 亿元，同比增长 8.1%，其中人身险保费收入 6 346.4 亿元，仅增长 4.1%；财产险保费收入 2 233.9 亿元，增长 8.1%。特别是在 2009 年一季度，各月保费收入同比回落，曾出现保费负增长的状况。例如，国内三大保险巨头中的中国人寿和太保人寿，3 月单月保费分别增长 -13.3% 和 -8.9%，出现环比下降态势。尽管二季度、三季度和四季度加快增长，2009 年我国保险业原保费收入也同比增长了 13.8%，但与十六大以来到 2008 年间保费年均 20% 增速相比，已明显下降。目前，保费收入年均增速下滑的风险仍然存在。全球经济复苏仍然存在不确定性，中国经济持续增长的基础还不稳定、不确定，企业利润的下降和居民收入的预期下降，在很大程度上抑制了保险需求的增加，今后一段时期的保费收入要实现平稳增长面临着经济增长不确定因素的影响。

其次，利差损风险有所积聚。利差损风险是寿险公司资金投资运用收益低于有效寿险保单的平均预定利率产生亏损的风险。1998 年前后，由于中央银行连续降息，已售出高预定利率保单面临严重的利率倒挂，保险公司积累了大量"利差损"。在过去几年里，20世纪90年代以来遗留下来的利差损曾经是中国保险业面临的最大问题，是导致中国保险公司偿付能力不足的一个重要原因，中国人寿集团、太平洋寿险、新华人寿三家寿险公司由于偿付能力不足在2004年底被保监会"黄牌"警告。尽管国际金融危机爆发前，利差损得到了控制，但这一历史问题并未得到解决。而且，由于受国际金融危机的冲击和中国经济周期性下行的影响，中国人民银行自2008年10月以来连续数次下调存款利率，进一步加大了保险公司防范化解利差损风险的难度，甚至还会产生新的利差损风险。保险业利差损的产生固然有其历史原因，但却严重威胁着寿险公司的生存与发展，巨额利差损必将导致寿险公司偿付能力不足，若利差损问题长期得不到解决，寿险公司必将面临被接管甚至破产的风险。20世纪90年代后期，韩国有16家寿险公司账面资不抵债，最终走向破产或衰败。而且一旦利差损使公司收益大幅下滑，投保人的信心将受到严重打击，引发大规模退保，产生更大的风险。

再次，投资风险较大。保险投资渠道拓展和投资增加加剧了风险。2009年以来，全国人大常委会通过了修订后的《中华人民共和国保险法》，保监会也配套推出了一系列松绑措施，国内保险行业的投资渠道正在不断增多，从银行存款到国债、基金，再到股票、不动产、基础设施投资。这些新政措施的出台有利于保险公司更灵活和更有效率地配置保险资金，促进了保险公司的投资额度显著增加。但在目前的市场环境下，保险投资渠道的大大拓展，尤其是直接进入股市和房地产市场很可能进一步加大保险投资风险。事实上，2008年很多委托进入股市的保险企业处于亏损状态。例如，我国2007年整个保险业的投资收益大概是2 700亿元，在2008年，整个投资收益大概缩水了将近75%，只剩下四分之一（陈和午，2009）。从2009年的投资情况看，保险业全行业全年实现投资收益2 141.7亿元，收益率为6.41%，是2008年投资收益率1.91%的三倍，但仍比2007年10.9%的投资收益率低4.49个百分点（中国保监会，2010）。更重要的是，在房价飙升、价涨量跌的微妙形势下，保险资金进军房地产市场将面临很大的投资风险。针对这一问题，保监会也曾将投资风险列为2009年警惕的风险，特别是要高度关注和防范新投资渠道、新投资工具可能带来的风险，截至目前，房地产市场、证券市场以及国外资本市场的投资风险仍然较大，保险行业的投资风险不容忽视。

最后，部分公司偿付能力不足。根据 2008 年全国保险监管工作会议，保险行业偿付能力总体水平下降，截至 2008 年 6 月底偿付能力不足的保险公司有 12 家，比年初增加 2 家，其中个别公司偿付能力严重不足。除了受股票市场不断走低的影响外，关键原因在于部分公司发展模式粗放，产品结构不合理，公司盈利能力不强甚至长期亏损，主要依赖股东增资或发行次级债维持偿付能力。同时，部分公司的治理结构存在缺陷，没有建立有效的内部风险管理机制，经营中的短期行为比较突出。同时，由于保险公司连年亏损，偿付能力难以得到根本改善，抗风险能力差，部分公司的偿付能力不足风险也是 2009 年保险业面临的另一大风险（吴定富，2009）。到 2009 年底，我国偿付能力不达标的保险公司有 8 家，比年初减少 5 家（吴定富，2010）。尽管如此，部分公司偿付能力不足的问题还没有从根本上得到解决，仍然是当前我国保险行业的重要风险之一。

（2）基金规模小，应对行业风险的能力较弱

在 2005 年以来的几年时间里，我国保险保障基金的规模在迅速逐年扩大。2005 年底，我国保险保障基金余额为 59.37 亿元（2005 年保险保障基金年报），2007 年 10 月底基金规模已经达到 99 亿元（陈文辉，2007），到 2008 年基金规模已超过了 130 亿元（魏迎宁，2008）。保险保障基金制度的不断完善和基金规模的逐年扩大，对于保护被保险人的利益和维护保险市场稳定起到重要作用。但也要看到，我国保险保障基金的规模还很小，在应对保险业风险方面的能力还比较弱。这在我国动用保险保障基金救助问题保险机构的过程中，大体可以看出这方面的问题。例如，2007 年 5 月，我国动用保险保障基金购买新华人寿三家"问题股东"——隆鑫集团有限公司、海南格林岛投资有限公司、东方集团实业股份有限公司的股权。这三家公司分别持有新华人寿 10%、7.51% 和 5.02% 的股权，合计持股 22.53%，共 2.7 亿股，收购价格为每股 5.99 元，总转让价格达 16.17 亿元。此后又购买东方集团股份有限公司的股权，将持股比例升至

30.554%，两次累计动用保险保障基金 21.96 亿元。之后，中国中小企业投资公司持有的 9 012 万股、新产业投资公司持有的 901.2 万股也陆续转至保险保障基金名下。2008 年度第五次临时股东大会决议显示，保险保障基金公司作为新华人寿第一大股东，持有 46 578 万股，占全部股本的 38.815%。据此可以推算，我国动用保险保障基金救助新华人寿花费了约 27.9 亿元，而这只是购买不到 40% 的股权，而没有对其 326 亿元的保费收入进行赔偿。即使假设以现有 100 多亿元保险保障基金全部进行救助，也无法完成对保费收入仅居全国寿险市场第五位的新华人寿的保单持有人的救助。再如，2009 年我国第四大财险公司——中华联合财产保险股份有限公司因亏损严重已被保监会正式接管。前几年，中华联合业务快速扩张。2006 年，保费收入从 4 年前的十几亿元增长到 150 亿元。但在快速扩张的同时，也为自己带来了巨大的经营风险。由于前几年的过快扩张，中华联合 2007 年亏损约 64 亿元，折合每股净资产 -3.57 元。截至 2008 年中期，该公司净资产为 -66.2 亿元。如果破产清算，保险保障基金同样面临着巨大的资金压力。由此不难看出，目前我国保险保障基金规模还非常小，在化解单个问题保险机构时已经捉襟见肘，应对整个保险业风险的能力更弱。

2. 功能单一，激励不足

首先，保险保障基金仅仅是单纯的付款箱，功能单一。现行《保险保障基金管理办法》在"保险保障基金公司"一章中规定，保障基金公司的主要业务包括：筹集、管理、运作基金；监测保险业风险，发现保险公司经营管理中出现可能危及保单持有人和保险行业的重大风险时，向中国保监会提出监管处置建议；对保单持有人、保单受让公司等个人和机构提供救助或者参与保险业的风险处置；管理和处分受偿资产等。在保险公司经营信息方面，《保险保障基金管理办法》规定，中国保监会定期向保险保障基金公司提供保险公司财务、业务等经营管理信息；对于保监会认定存在风险隐患的保险公司，向保险保障基金公司提供该保险公司财务、业务等专项数据和资料。总体来看，保险保障基金除了监测保险业风险和提出处置建议外，并没有其他职能，因此目前的保险保障基金在风险处置中仅限于单纯的付款箱，功能单一，对保险保障基金如何参与高风险保险公司的处置过程及其与托管人、清算人的关系没有规定。因此，在付款箱单一功能下，对于保险公司风险状况仅限于监测以及风险处置中职责不明确，加之费率确定也没有考虑保险公司的风险状况，很难对保险公司起到激励的作用，而对于保险公司风险状况的监测和建议更多的是服务于行业监管。

其次，与相关机构职能配置不够科学。《保险保障基金管理办法》也明确了有关单位的监管权限：中国保监会负责管理保险保障基金公司业务等；在动用保险保障基金时，由中国保监会拟定风险处置方案和使用办法，经商有关部门后报国务院批准；财政部负责保险保障基金公司的国有资产管理和财务监督，审批预算、决算方案等。其中，保险行业监管机构主导了基金的风险处置，职能配置不够科学，存在一定的道德风险。按照我国《保险法》、《保险保障基金管理办法》的规定，行业性监管机构主导了保险领域问题保险机构的风险处置。从理论上看，行业监管的目标是确保金融体系的安全和稳定，而判断金融监管绩效的基本依据是较少问题金融机构的出现。而我国由监管机构主导风险机构的救助，"付款箱"功能的救助基金只是负责事后"买单"，不利于激励相关监管机构强化事前和事中监管，容易产生道德风险，使监管机构过于依赖保险保障基金，从而放松监管的职责，以致助长金融机构开展高风险经营。这不仅削弱了行业监管应有的作用，而且可能导致基金的过度使用，甚至导致资金枯竭。

从国外的实践来看，以美国为代表的一些国家，在高风险保险公司的风险处置中，采取由保险监管机构选择接管人与清算人、保险保障基金只作为付款箱对保单持有人进行补偿的方式。根据对美国1986年以后154个非寿险公司破产案的实证研究结果，这种方式容易导致较严重的代理问题，降低保险公司的资产清收率，进而给保险保障基金带来较高成本。

3. 费率设置缺少差别化，面临较大的道德风险

《保险保障基金管理办法》第十四条规定，非投资型财产保险按照保费收入的0.8%缴纳，投资型财产保险，有保证收益的，按照业务收入的0.08%缴纳，无保证收益的，按照业务收入的0.05%缴纳；有保证收益的

人寿保险按照业务收入的 0.15% 缴纳，无保证收益的人寿保险按照业务收入的 0.05% 缴纳；短期健康保险按照保费收入的 0.8% 缴纳，长期健康保险按照保费收入的 0.15% 缴纳；非投资型意外伤害保险按照保费收入的 0.8% 缴纳，投资型意外伤害保险，有保证收益的，按照业务收入的 0.08% 缴纳，无保证收益的，按照业务收入的 0.05% 缴纳。这种根据保险公司经营财产保险业务还是人身保险业务，根据险种以及是否有保证收益和期限长短等规定相应的费率，充分考虑保险业务的风险状况，具有一定的科学性，且费率标准相对统一，制度设计和操作简便易行。但同时也要看到，只针对保险业务而不区分保险公司的风险水平，所有的保险公司实行统一的费率，并不能完全考察保险公司的风险状况，从而会产生相应的道德风险。一方面，导致信誉好、资产实力雄厚、抗风险能力强的保险公司"贴补"那些规模小、信誉低、抗风险能力差的保险公司，降低稳健经营保险公司缴费的积极性；另一方面，由于所缴纳的保险保障基金只与险种有关，与保险公司自身的风险状况没有直接关联，不利于引导和激励保险公司加强风险管理与控制，从而过多地停留在低层次保费竞争的粗放经营上。从国外保险保障基金实践来看，尽管还没有哪个国家采用基于风险因素的评估与筹集方法，但是在费率确定中考虑了一些风险因素。例如，日本保障基金在计算征收额时，为反映公司支付能力，在考虑保费收入的基础上也考虑技术准备金（Technical Reserves）；加拿大寿险保障基金则考虑使用公司法定资本（Capital Required）作为计算依据。

（二）成因分析

总体来看，我国保险保障基金面临的风险和矛盾，不仅与保险业在我国经济转型过程中风险不断积聚密不可分，而且与我国保险保障制度的设计不足与资金筹措的能力不强直接相关。

1. 转型过程中保险业风险不断积聚

（1）所有者缺位，公司治理机制不完善

在我国经济转型的过程中，国有产权不清晰、所有者虚置和缺位的问题在很长一段时期困扰着我国保险业的发展。近年来，我国国有保险机构在建立现代企业制度和上市方面已经取得了长足的进步，但所有者虚置的问题仍然没有根本改变，一些公司的法人治理机制仍然存在着明显的问题。一方面，国有金融资产管理体制改革相对滞后，保险企业的国有资本所有者缺位的问题还没有根本解决。另一方面，不少保险公司的治理结构的还不完善。一些公司董事会没有有效发挥应有的作用，存在少数股东控制和管理层控制的问题，没有建立有效的内部控制和风险管理机制。在国有资本所有者虚置的条件下，加之保险经营和业务的复杂性，管理层容易隐瞒经营情况，难以进行有效的内部控制和风险管理，股东的监督权难以真正实现，从而产生较大的道德风险。而由于法人治理机制不完善以及保险公司内部控制不健全或失效，经营中的短期行为比较突出，存在关键时候违反风险管理要求进行操作的隐患，从而导致保险业出现较大的操作风险。就此而言，体制的不完善容易产生较大的体制性风险。

（2）市场结构不合理，市场低效与恶性竞争并存

第一，市场集中度过高，生产效率较低。我国政府在保险业的发展中，执行的是较高的市场准入制度与经营区域限制制度及严格的行为监管制度和国有公司占主导制度，客观上造成了我国保险市场集中度（前五大公司的市场份额）过高。例如，1988 年以前中国人民保险公司完全垄断保险市场；1988 年、1991 年中国平安和中国太平洋两家全国性综合型保险公司的先后成立，打破了我国保险市场一家垄断的局面，呈现三足鼎立。1998 年中国人民保险公司改组，产、寿险分离，后来中国平安和中国太平洋也实行了分业经营，于是在中国大部分城市地区的产寿险市场上分别形成了三家寿（或产）险公司之间的相互竞争。在 2001 年底正式加入世贸组织后，保险市场对外开放的步伐迅速加快，外资、合资公司异军突起，内资新兴公司迅速成长。到 2004 年我国实际经营寿险、产险业务的公司分别为 28 家、26 家，但寿、产险市场保费收入超过市场份额 5% 的公司分别只有 5 家和 4 家公司，60% 以上的保险公司市场份额不到 1%。我国寿险、产险市场的集中度指标分别为 88.69%、90.26%，这与 1994 年的 99.2%、98.7% 的集中度相比有明显下降，但与欧美国家大都在 20% ~ 40% 之间的市场集中度相比，仍然明显太高（丁少群、阎建军、卓志，2006）。近年来，我国保险市场集中度进一步下降，但市场集中度过高的问题还没有根

本改变。2008 年，在财产险公司和寿险公司中，仅前四家公司原保险保费收入所占的市场份额均超过了 70%（中国保监会，2009）。从西方国家保险市场的实际情况看，1994 年前五大保险公司的市场份额，英国为 38%，法国为 32%，德国为 25%，意大利为 36%（李崇峰，2001）。中国的保险市场可以说仍处于高度集中的状态。垄断和市场集中度过高，使得大保险公司缺乏技术与制度创新的压力，而中小保险公司又缺乏创新的条件，造成我国保险业经营管理落后，从业人员素质不高，服务方式陈旧，产品结构趋同，产品种类单一，从而抗风险能力低下。

第二，恶性竞争加大了风险。市场集中度过高及市场的进入壁垒和限制，使中小保险公司难以获得规模经营的优势，中小公司和新进入的保险公司不得不利用价格战来获取业务，从而导致市场行为不规范，恶性无序竞争严重。加上近几年保险主体的迅猛增加，市场竞争给经营者带来了巨大的压力，导致一些保险公司偏重于业务发展的速度和规模，而忽视了综合经营成本的控制，产生了无序恶性的竞争。主要表现为：同业间通过低费率、高返还、高手续费、高保障范围和协议性承保等违法违规手段在市场上争揽业务，无限制承揽风险，这些无序恶性的竞争导致保险公司经营成本明显加大，经营风险大量积聚。例如，依赖银保收入增长实现保费收入稳步增长，加大了成本。一方面，过高的银保保费占比会较大幅度占用保险公司偿付能力的额度，同时降低新业务利润率；另一方面，银保业务有高额的手续费，在银行手续费上的高成本支出不仅加大了银保代理业务的风险，同时也造成新的费差损风险。结果，占中国财险业务保费收入 60% 以上的机动车辆险业务基本无经营利润，占寿险保费收入 25% 左右的银行保险业务基本无内含价值等（张广增，2009）。

（3）经营理念落后

在我国保险业发展的过程中，一些落后的经营理念制约着我国保险业的持续健康发展，甚至会产生较大的风险。从理论上看，保险公司作为经营风险的企业，其最大的社会责任是维护保单持有人的权益，其最终经营目标是获得利润，否则对保单持有人的风险保障责任将难以履行，股东的投资回报将没有保证。但现有的发展理念还不能满足我国保险业持续健康发展的需要。一是重规模、轻效益。目前，我国保险业普遍存在着"以保费规模论英雄"、以规模扩张代替发展的现象，把保险业发展直接或潜意识地理解为保费收入的增长，这些导致保险公司过于追求保费收入的增长，无序恶性竞争严重、盈利能力差、偿付能力不足和信誉、形象差的问题。保险公司要有竞争力，首先需要做大规模，但有了规模不见得就能成功，保持盈利才是可持续的根本。在做大保费规模的同时，必须也更要保持必要的赢利能力，这样才能真正做强、做大。二是轻核保、重核赔。在激烈的市场竞争中，一些保险公司为获取更多的保费收入和更大的市场份额，存在着核保不规范、不严格的问题，而在赔付时又严格核保，从而出现理赔难的问题，严重损害了保险业的形象，阻碍保险业的发展。另外，在产品设计领域，还存在着"轻保障、重投资"的问题。投资型的保险产品开发较多，而对意外险、健康险的重视不够。

2. 保险保障制度筹措资金的能力不强

首先，我国建立保险保障制度的时间还比较短。一方面，保险保障基金在 2005 年才真正做到"集中管理"和"统筹使用"。在 2005 年之前，尽管保险公司根据财政部 1998 年发布的《保险公司财务制度》的规定，提取了保险保障基金，但这些基金都留在各公司的账上，既没有按照《保险法》的要求进行"集中管理"，也没有做到"统筹使用"。到了 2005 年，我国颁布了《保险保障基金管理办法》，建立了保险保障基金制度，保险保障基金的"集中管理"和"统筹使用"才得以真正实现。另一方面，保险保障基金的运用时间也比较短，2008 年 9 月中国保险保障基金公司才正式挂牌成立，自此基金开始公司制运作。加上 2007 年救助新华人寿又动用了很大一部分基金，以及当时基金运用范围的受到严格限制等因素的制约，保险保障基金规模和投资收益都比较小。

其次，"事前"收取保费的保险保障制度筹措资金受到约束。目前，我国采用"事前"征收保费的方式筹措保险保障基金。这种方式虽有利于在风险发生后快速补偿，增强公众对保险业的信心，但也存在一些问题。除存在道德风险外，"事前"收取保费的资金筹措方式，导致基金筹措能力相对较大的行业风险明显较弱。一是在我国保险业风险较大的情况下，新建立的保险保障基金制度采取"事前"收取保费的资金筹措方式，逐步积累基金，难以实现行业风险与基金规模的匹配和协调，即只能根据制度事先确定的费率逐步征收和累计，无法根据风险较大的现实情况，快速筹集与之相应的基金规模。就此而言，"事前"收取保费的资金筹措方式无法满足基金处置和救助较大的行业风险，而根据风险处置需要"事后"征收相比之下更符合行业风险较大的情况，"事前"与"事后"征收相结合的基金征收模式可能更有助于扩大保险保障基金的规模，甚至还可考虑赋予保险保障基金一定的临时融资权以满足风险处置需要，增强保障基金的风险保障能力。因此，尽管国际金融危机之前，我国的保险业风险得到了一定的化解和控制，但非常小的保险保障基金规模仍难以应对一家保险公司的破产清算，这使得保险保障基金救助高风险保险公司成为化解风险的可行选择与有效手段，而无法将高风险保险公司真正淘汰出市场。

再次，"封顶"规定限制保险保障基金的进一步积累。《保险保障基金管理办法》第十五条规定，财产保险公司的保险保障基金余额达到公司总资产6%的，以及人身保险公司的保险保障基金余额达到公司总资产1%的，可以暂停缴纳保险保障基金。如果保险公司的保险保障基金余额减少或者总资产增加，其保险保障基金余额占总资产比例不能满足前款要求的，应当自动恢复缴纳保险保障基金。从实际情况看，我国2008年财产险公司总资产为4 687.03亿元，寿险公司总资产为为27 138.45亿元。假定2008年所有的财产保险公司和所有的人身保险公司都分别达到各自缴纳保险保障基金的上线，那么当年财产保险公司缴纳的保险保障基金为281.2218亿元，人身保险公司为271.3845亿元，二者的总额只有不到560亿元。不难看出，即便是所有的财产保险公司和所有的人身保险公司缴纳的保险保障基金同时全部达到上线也只有区区几百亿元的规模，即便是随着资产的增加进一步有所增长以及加上进行投资获取一定的收益，保险保障基金的资金规模仍然很有限，明显不能满足保险行业的风险处置的需要，从而加大了保险行业的保障风险。

最后，融资渠道不明确。《保险保障基金管理办法》第十条规定，为依法救助保单持有人和保单受让公司、处置保险业风险的需要，经中国保监会商有关部门制定融资方案并报国务院批准后，保险保障基金公司可以多种形式融资。尽管这一规定为保险保障基金的融资提供了法律依据，但融资的目的、用途、条件以及融资手段和渠道、所需协商的部门等都不够明确，而且没有界定清楚这些融资渠道与保险保障基金规模大小的关系。例如，如果保险保障基金规模长时期受限于封顶的制度规定是不是就应该得到其他部门支持？保险保障基金与这些资金的关系没有明确，而这是保险保障制度建设、防范道德风险及化解保险行业保障风险至关重要的内容。再如，应急融资渠道也不明确、不清晰。由于没有明确和突出上述融资规定是在基金耗尽时存在的紧急融资渠道，所以中央银行作为最后贷款人以及政府财政是否有意愿向基金提供紧急财力支持变得极为关键。至少，这两个方面都应当是完善的保障基金制度的必要条件。制度上的不明确、不清晰，不仅制约我国保险保障制度的进一步完善，加大保险行业的保障风险，而且导致部门之间在融资过程中协调沟通的时间过长，甚至会错失风险处置的机会，加大风险处置和救助成本，最终很可能产生更大的风险。

（三）其他国家（地区）经验借鉴

为更好地应对保险公司破产所引发的风险，保护保单持有人利益，维护公众对保险业的信心，确保金融稳定，许多国家和地区都建立了保险保障基金制度，在保险公司破产而不能偿付债务时，对保单持有人进行补偿，减小保险公司破产造成的危害。

通常，保险保障基金一般分为两类：一类是专项保障基金，这类基金的补偿范围一般只覆盖与社会稳定紧密相关的强制保险（如机动车辆强制责任险等），通常对保单持有人的损失全额补偿；另一类是一般性保障基金，它的补偿范围较为广泛，覆盖多个险种。实践中，各国（地区）大多先建立专项基金，然后在其基础上逐步建立一般性保险保障基金。相对于专项保险保障基金而言，建立一般性保险保障基金的国家要少一些。截至2009年底，OECD国家中只有加拿大、法国、爱尔兰、日本、韩国、波兰、西班牙、英国、美国建立了一般性保险保障基金。在亚洲，中国、中国台湾、新加坡、日本设立了一般性保险保障基金。

1. 美国

保险保障基金制度最早出现在美国。美国以州为单位的保险监管体制决定了其保险保障基金制度也以州为单位。纽约州分别于 1941 年和 1947 年建立了人寿保险保障基金制度和财产与意外险保险保障基金制度。随着保险业的发展，1985 年纽约州对人寿保险保障基金制度进行了修改。20 世纪 70 年代，因大量保险公司破产倒闭，加速了美国其他各州保险保障基金制度的建立。为了统一协调各州保险保障基金制度的建立，美国保险监督官协会（NAIC）于 1970 年制定了示范法。目前，美国保险保障基金制度有两个主要模式，即纽约州的保险保障基金制度（Insurance Guaranty Fund of New York）和 NAIC 的保险保障基金制度（Insurance Guaranty Association Model）。由于保险公司经营的业务有财产保险业务和寿险保险业务之分，这两类业务的保险标的属性不同，经营管理也有很大差异，所以保险保障基金制度一般又进一步细致分为财产保险保障基金制度和寿险及健康险保障基金制度。

美国各州设有保障协会及保障基金，分别负责财产险及责任险保障基金（非寿险保障基金）、寿险及健康险保障基金（寿险保障基金）。为了更好地维护保单持有人利益，加强各州间保险保障基金的合作，应对保险业的跨州风险，1983 年，美国各州保障协会联合成立了国家人寿与健康保险保障协会组织（National Organization of Life & Health Insurance Guaranty Association，NOLHGA）；1989 年，各州保障基金联合成立了国家保险保障基金联合会（National Conference of Insurance Guaranty Funds，NCIGF）。

美国各州的保障协会、保障基金都采取会员制，在本州有经营权的保险公司必须加入（如果一家保险公司在多个州有营业许可，必须分别加入每个州的协会或基金）。NOLHGA、NCIGF 及各州的保障协会、保障基金都独立于保险监管机构，由理事会负责运作，理事会主席一般由会员单位选举产生。

在保障基金保费收取的方式上，除纽约州等少数州采取"事前"（机构破产前）收费外，美国大多数州都采取"事后"筹措资金的方式，按净保险费的 2% 向各保险公司收取（有一些州的标准是 1%）。同时，各州法律都允许在保险公司破产激增、基金不足以支付破产损失时，适当提高基金收费标准。截至目前，非寿险保障基金已向会员公司收取净保费104.3亿美元。从1983年到现在，寿险保障基金为超过220万的保单持有人提供了超过44亿美元的补偿。保险保障基金对单笔补偿标准设有上限（大多数州对劳工险的补偿额都没有限制），一般来说，对寿险的死亡给付补偿不超过30万美元，对健康险给付补偿不超过10万美元，对财产险的补偿上限为10万~50万美元，有些州还对资产净值超过一定规模的财产险机构保单持有人不予补偿，例如，1989年，密苏里州规定不对净值大于2 500万美元的机构保单持有人进行补偿。此外，除家庭险及汽车险外，各州的非寿险保障基金对其他险种的补偿范围与程度各有不同。

2. 英国

英国保险业发展历史悠久，保险市场竞争激烈，保险行业自律性较强，政府对保险业监管较为宽松。在20世纪70年代，许多保险公司倒闭致使被保险人利益受损，政府和社会大众对保险业的偿付能力状况非常担忧，同时消费者保护意识盛行，社会要求保险业提高偿付能力的呼声高涨。特别是欧共体（European Community）要求会员国的保险公司提高其偿付能力。在这种内外压力的背景下，英国于1975年颁布《保单持有人保护法》（*Policyholders Protection Act*）。根据该法案，设立了保单持有人保护委员会，同时建立了英国的保险保障基金制度，旨在加强对被保险人利益的保护。法案规定设立全国性的保单持有人保障委员会，负责寿险与财险两个保障基金账户的征收和管理。2000年的《金融服务与市场法》规定由单一机构负责所有金融产品和服务的补偿工作，以配合整个金融市场统一管理的监管模式。

根据《金融服务与市场法》的要求，英国在2001年12月1日将原有的多个补偿机构进行合并，成立了单一的独立组织金融服务合规事务局（Financial Services Compensation Scheme, FSCS）[①] 统一负责对存款人、投资者、保单持有人等的补偿工作。所有在英国拥有营业许可的金融机构，

---

① 在FSCS成立之前，英国已设有存款保险理事会、投资者补偿计划、保单持有人保护计划、建房互助会投资者保护计划、友善社会保护计划等。

当其不能偿付债务且停业后，由 FSCS 对遭受损失的投资人进行补偿。FSCS 的补偿对象主要是个人及小型企业，大型商业企业一般被排除在外。FSCS 由理事会管理，理事由英国金融服务局（FSA）指定，但 FSA 要保证 FSCS 运作的独立性。

FSCS 包括存款补偿、保险补偿、投资业务补偿、抵押业务补偿、非寿险中介补偿五个子计划。金融机构根据其业务经营许可，必须参加 FSCS 各子计划（如一个机构具有多种经营许可，则需要参加多个子计划）。2005 年 1 月 14 日后，保险经纪业务也被纳入到 FSCS 体系中，如果客户在购买非寿险产品时被误导或被欺诈而蒙受损失，也可申请 FSCS 补偿。在补偿标准上，FSCS 对强制保险保单全额补偿，对其他种类的保险索赔，2 000 英镑以下部分全额补偿，剩余部分补偿 90%。此外，FSCS 对海事险、航空险、交通险及再保险的保单持有人不予补偿。FSCS 的资金由金融机构交纳，FSA 规定 FSCS 对每家保险机构收取的费用不得超过其净保费的 0.8%。FSCS 的各子计划单独核算，如果在一年中收取的款项多于补偿支出，结余资金可以滚动使用，也可以退还给金融机构；如果资金不足以支付补偿款，各个子计划之间可以互相调剂资金，但资金的调出方要收取利息，由资金调入方的会员机构在下一年支付。在必要时，FSCS 还可从外界获取 5 000 万英镑的借款。2002—2005 年，FSCS 每年支出都在 2 亿英镑左右，其中补偿费用约占 90%，营运费用占 10%。在 FSCS 的补偿支出中，非寿险保单持有人占大部分，其中 2002—2005 年度，每年都超过 1 亿英镑。

英国的保障基金采用事后征集的方式，根据上一年度的保费收入水平按一定比例征收。通常对于征收的比例限定在 1%，实际向各保险公司征收的比例要更低一些。对于保单持有人补偿的标准问题，英国的规定是寿险保单持有人可以获得至少 90% 的保单现金价值；而强制性财产与意外保险可以获得 100% 的赔偿；其他保险产品若索赔超过 2 000 英镑的，按 90% 的比例补偿，低于 2 000 英镑则足额支付。

3. 日本

1996 年 4 月，日本分别建立了寿险及非寿险的保险保障基金，并于

1998 年 12 月成立了寿险保障公司（PPCJ）和非寿险保障公司（NPPCJ）分别管理这两只基金①。除建立在日本邮政下的 Kampo 公司及合作性组织 Kyosai 外，日本所有寿险公司都是 PPCJ 的会员；所有在日本有营业资格的非寿险公司都是 NPPCJ 的会员。PPCJ 及 NPPCJ 的资金由各会员保险公司交纳，会员公司按其保费收入及积累的准备金之和的一定比例提取保费，当前 NPPCJ 一年收取的保费为 65 亿日元，当基金余额达到 650 亿日元时会员公司停止交费。PPCJ 一年收取的保费为 560 亿日元，当基金余额达到 5 600 亿日元时会员公司停止交费。

　　总体来看，日本处置高风险保险公司通常采用三种方式：一是选择一家健康的保险公司并向其提供财务补贴，由其收购高风险公司，并承接此公司的保单；二是在没有公司愿意承接高风险公司保单时，由保险保障公司建立一个子公司作为搭桥公司，由搭桥公司接管高风险公司并承接其保单；三是由保险保障公司直接接管高风险公司，并接收其保单。在风险处置过程中，保单持有人接受保险保障公司的补偿，并将债权让渡给保险保障公司，当高风险保险公司进入破产程序时，由保险保障公司代表保单持有人参加清算。

　　在补偿标准上，PPCJ 规定对除再保险外的所有人寿险，均按保单价值的 90% 补偿，但补偿中对保单的承诺利率及其他条件可作适当调整。为应对近年来出现的保险业危机，增强公众信心，日本政府规定，从 2001 年 3 月起，对破产寿险保险公司的死亡险、住院医疗险、养老金等保单给予全额补偿。2005 年 4 月，日本对《商业保险法》进行了修改，修改后的《商业保险法》规定，寿险公司破产后，对保单持有人的救助将依据险种、保险合同内容的不同而采取差别标准。NPPCJ 规定，对强制汽车险的保单持有人的损失 100% 补偿；对自愿汽车险、个人或小企业火险等按保单 90%

---

　　①　1997 年以后，日本有多家人寿保险公司破产，这使原本只有 2 000 亿日元的人寿保障基金入不敷出，面对如此严峻形势，2000 年，日本修订了《商业保险法》，规定提供总额度为 9 600 亿日元的人寿保险保障基金，交由 PPCJ 运营。其中日本寿险业承担 5 600 亿日元，在必要时由国家提供 4 000 亿日元公共资金对 2003 年 3 月前破产的保险公司进行救助，在 PCCJ 处置破产保险公司获得利润后，归还公共资金。2005 年 4 月日本再次修改了《商业保险法》，将日本政府对 PPCJ 进行财务支持的时间延长至 2009 年，以减轻日本保险业的压力。

补偿；但对海事险、陆地运输险，航空险等不予补偿。

4. 加拿大

加拿大保险保障基金制度，缘于保险市场上一些保险公司出现了偿付能力不足的情况。为防患于未然，加拿大政府于 1988 年建立了寿险保险保障基金制度。

同年，为便于处置破产保险公司资产与负债，保护被保险人利益，加拿大成立了人寿、健康保险补偿公司（Canadian Life and Health Insurance Compensation Corporation）。该公司为社团法人，是真正意义上的行业性救助资金组织，自律性强，一切管理均有会员决定，政府很少干预。公司成立之初每一会员出资 2 500 加元。其设立的目的是保护被保险人的利益；保障对象为经营人寿、健康保险的保险公司；保障的范围包括人寿保险、健康险和年金保险业务，但没有受保护的年金除外。基金采取事前和事后并存的方式征收（即混合模式），基金由三部分构成：一是管理费，主要用于公司日常的营运开支，每年每个会员公司交纳 5 000 加元；二是事前征收的基金，为预防可能发生的保险公司破产风险，提前征收以做准备；三是事后征收的基金在事前征收不足的情况下，在特别时刻予以征收，按照参加的保险公司保险种类及经营区域决定征收金额。为此，将经营的保险业务分为三类，即人寿保险、年金保险和健康保险。保险公司分为四类，即 A、B、C 和 D 类。A 类是指与破产倒闭公司同一区域，且经营同一类别业务的保险公司；B 类是指与破产倒闭公司同一区域，但经营的业务险种不同的公司；C 类是指与破产保险公司不在同一区域，但经营同一类业务的保险公司；D 类是指既不在同一区域，又不经营同一类业务的保险公司。当某保险公司破产时，则根据其所需资金，按照 A、B、C 和 D 四类公司的顺序，依次征收。当 A 类不够时，再向 B 类征收，征收比例为不超过前一年总保费收入的 0.5%。保障金额有限额上的规定，其中，人寿保险身故每人给付 20 万加元，现金价值以 6 万加元为限，如果是分期给付，每人每月以 2 000 加元为限。

在随后的几年，三家保险公司因偿付能力不足导致了破产。一家名为 LES COOPERANTS 的保险公司于 1992 年 1 月 3 日出现偿付能力危机而破产清算。该公司倒闭时有个人保单 22.2 万人，团体保单人数 60 万人。为此，保险保障基金共花费 1.8 亿加元对保险人利益进行了完全的保障。1993 年 1 月 18 日和 1994 年 8 月 11 日，Soverign 寿险和 Confederation 寿险两家保险公司相继宣布破产，共计 50.9 万个人被保险人和 150 万人的团体保单得到保险保障基金的救助。其中对 Soverign 寿险的救助成本为 2 000 万加元，对 Confederation 寿险的资助为 500 万加元。加拿大保险保障基金制度的建立的确为被保险人利益的保护发挥了很好的作用，在三家保险公司的破产事件中，保险保障基金制度为近 300 万人的利益提供了保障，占到了当时加拿大总人口的 10% 以上。

加拿大的寿险保障基金由行业内各公司出资成立的一家非营利性资金管理机构（Assuris）来管理。其董事会由在寿险业务经营上具有相关知识和经验的独立专业人士组成，其中三分之一成员来自会员公司。公司下设行业建议委员会，由 7 名来自会员公司的代表组成，主要起到将公司董事会与会员公司相连结的纽带作用。加拿大的保障基金采用事后征集的方式，以公司过去 5 年的平均保费收入为依据，按照一定的比例（一般为 0.5%）征收。征收的最高比例并不固定，主要视其超出法定的持续经营所需最低偿付能力的标准而定。为了使补偿工作能够更快捷高效地运行，保障基金的流动资金账户会维持在不低于 1 亿加元的最低水平线上。基金的补偿标准见表 1.3.1。

表 1.3.1　　　　　加拿大人身与健康险保障基金补偿范例　　　　单位：加元

	原保单应给付的总额	Assuris 承诺给付的金额
伤残保险（最低 85%，月给付低于 2 000 加元可获得足额补偿）	1 800	1 800
	2 100	2 000
	4 000	3 400
定期寿险（最低 85%，死亡给付超过 200 000 加元可获得足额补偿）	180 000	180 000
	210 000	200 000
	400 000	340 000
累积年金给付（最高补偿为 100 000 加元）	80 000	80 000
	110 000	100 000
	200 000	100 000

加拿大的财产与意外保险补偿公司（PACICC）负责管理非寿险保障基金。其采用事前与事后相结合的筹集方式，即基金的日常管理费每年在会员公司之间分摊，保单的赔偿费用事后依保费规模征集。根据公司的规模，所需缴纳的管理费在 1 600 加元至 8 000 加元不等。保障基金可以先从银行贷款以确保保单持有人的未到期保费与出险所要求的赔偿能够快速地退还和给付，之后再根据各会员公司上年保费收入所占市场份额进行分摊。根据保单持有人的补偿限制规定，每张保单的最高补偿限额是 25 万加元，未到期保费可视情况按最高 70% 退还，最多退还 700 加元。

5. 中国台湾地区

1975 年台湾新光人寿保险公司倒闭以及其他寿险公司出现财务危机，引起社会对于人寿保险业的质疑和信心降低。此事件导致台湾"人寿保险业安定基金设置及管理办法"的出台，随后建立了人寿保险业安定基金制度。在 1993 年修订的"保险法"中，增加了设立保险保障基金的规定。以此为依据，台湾又建立了财产保险保障基金制度。随着保险业的发展变化，台湾"保险法"进行了若干次修改，所涉及的保险保障基金制度的有关规定也在不断完善。

1997 年 10 月 29 日，台湾新修订的"保险法"第一百四十三条第一款规定："为保障被保险人之权益，并维护金融之安定，财产保险业及人身保险业应分别提拨资金，设置安定基金。安定基金应专设委员会管理；其组织及基金管理办法，由主管机关定。"该条的第二款规定："安定基金由各保险公司提拨；其提拨比例与安定基金总额由主管机关审酌经济金融发展情形及保险业务实际需要定之。"该条第三款规定："安定基金之动用，以下各条款为限：一、对经营困难的保险公司进行贷款扶持；二、保险公司因经营不善，遭受巨大损失时，进行重组或合并时，安定基金通过低利率贷款进行扶持；三、保险公司丧失清偿能力，其被保险人依有效契约向安定基金请求偿付；四、其他为保障被保险人权益，经主管机关核定的用途。"这一规定，为保险保障基金制度的建设规划了明确的方向。

根据其"保险法"的规定，台湾保险监管部门制定了"保险保障基金具体管理办法"，其间多次修订，最近的两次修订是：2002 年的"财团法人保险安定基金管理办法"和 2008 年的"财团法人保险安定基金组织及管理办法"。此两次主要的差异体现在 2008 年的办法更加具体和具有可操作性,如对安定基金的资金筹集、管理和使用都作出了比较详细的规定,特别是对保险保障基金的组织机构进行了详细的规范。

纵观台湾"保险法"和 2008 年的管理办法的有关规定,可以看出其保险保障基金制度的主要内容如下:①成立的目的。为了保障被保险人利益,维护金融稳定。②保障的范围。所有人寿保险公司和财产保险公司经营的业务都纳入保险保障基金保障范畴。③基金的筹集方式与比例。采取事前征收方式筹集基金,一旦基金不足以偿付破产公司被保险人利益,则采取事后征收。征收比例为人寿保险业务,按保费收入的 0.1% 计算;财产保险业务,按保费收入的 0.2% 计算,并分别缴纳至人寿和财产保险保障基金专户;事前征收基金的总额上限由过去的 2 亿元新台币,调整为现在的财产保障基金总额上限 20 亿元新台币,寿险保障基金总额上限 40 亿元新台币。④保障金额。身故、残废、满期、重大疾病保险,为保险金额的 90%,最高以 300 万元新台币为限;年金保险,每年最高以 20 万元新台币为限;医疗给付,每年最高以 30 万元新台币为限;解约给付最高以 100 万元新台币为限等。对财产险而言,强制汽车责任保险和地震保险可获得全额保障,其他险则只能获得 90% 的保障,而且最高不得超过 300 万元新台币。⑤基金的管理。设立独立法人资格的保险保障基金实体面对保险保障基金进行管理,在该法人实体内成立董事会,董事由 13 ~ 17 人组成,董事长主持工作,对外代表保险保障基金即"安定基金",其职责主要负责基金日常的征收、管理和使用,在保险监管部门即"行政金融监督管理委员会"和有关保险保障基金管理规定内行事。

6. 新加坡

新加坡在新修订的《保险法》中也增加了建立投保人保护基金的条款,用此项基金在未来"赔偿因在新加坡注册的保险机构无法履行责任而遭受损失的投保人和索赔人"。这项条款既适用于强制保险,也适用于人寿保险。基金的来源是由保险监管局向各家保险公司收税。

7. 借鉴与启示

(1) 管理机构

国际上的保险保障基金一般为行业监管者发起，并由市场中的各会员公司共同集资建立。基金的性质具有强制性，各国通过特定的法规，依据一定的标准要求会员公司缴费。保障基金通常交由非营利性的法定机构负责日常管理。机构的理事会大多由各会员公司代表和代表被保险人利益的中立人员组成。有些国家的基金管理委员会根据工作的内容，下设若干委员会负责实际工作。理事会除了负责基金的管理，还要担负基金使用的决策。各国普遍法定将保险公司的破产或重组，视为保障基金启动的标志。

虽然各国的保险保障基金一般是独立运营，并不在政府职能部门管辖范围内，但是在其运作过程中，还是普遍与行业监管者紧密配合的。这是因为保障被保险人的利益，更多还是从政府监管者的角度考虑的。例如美国各州的保险监督官是基金理事会成员或有权与会；加拿大监管当局可以召集和列席基金理事会会议。另外，基金的运作与使用也必须经地方法律法规批准等，这都体现了监管机构可以参与保障基金的重大决策。

（2）覆盖类型

各国的保障基金有些是覆盖行业内大多数保险产品的，而有些则是针对某一特定险种的保障计划。这些特定的险种通常为强制性保险，因为强制保险一般保障的是民众最基本的需求。而且在运用保障基金进行补偿时，强制保险一般可以得到足额补偿。例如，交强险可以保障事故受害者在发生交通意外时，有能力获得基本的医疗救助和损失补偿等。与驾驶员有购买交强险的义务相对等的是，政府监管部门也有责任保证契约的另一方——保险公司担负保险责任，让保单持有人的合法权益得以保障。在这种情况下，政府需要承担连带责任：即在保险公司破产清算的情况下，代为支付被保险人的赔偿请求。监管者在尽力防范保险公司破产的同时，也将剩余的破产风险在全行业中分散。因此大多欧盟国家即使没有建立覆盖全行业的保险保障基金，也要为强制保险设立专门的保障计划。与此相对应的是，大多专业类的保险产品则不在保障计划范围内，如再保险、信用保险以及海上保险等。这是因为这些保险产品大多与民众生活关系不大，其投保人多为具有一定保险专业知识的企业客户。经营此类产品的保险公司如果发生偿付危机，也不会对社会主体利益造成过多的危害。

（3）基金设置

通常保障基金具有法定强制性的特点，即市场中所有获准经营的保险公司都必须向基金账户缴费。这么做的目的在于：第一，可以充分确保保单持有人的利益得到保护；第二，可以尽量避免逆向选择的发生。因为风险高的公司更倾向于参加保障基金计划并得到庇护，而低风险的公司由于自身管理风险能力强，而不愿意为此增加成本。若采用自愿参与的形式，久而久之就会导致保障基金所保的都是高风险公司，会出现严重的财务不足问题。此外，多数国家的保险保障基金按照产寿险分类不同，分别设置人寿健康保险保障基金和财产意外保险保障基金。只建立单一基金的国家，也会分别设立寿险与非寿险两个基金账户。这是由于非寿险和寿险产品的性质具有较大差异，前者多为一年期，而后者的保单持续时间很长。二者独立运行，可以有效避免交叉补偿的现象产生。

（4）基金功能

各国建立保险保障基金的最基本目的是为了保障保单持有人。当保险公司偿付能力不足时，保障基金会进入处理程序，而所有在保障范围内的保单持有人就会自动获得要求补偿的权利。对于持有长期寿险产品的保单持有人，各国普遍会延续他们的保险合同。因为持有长期人寿及健康保险合同的被保险人更希望看到他们的保单得以延续，而不是立即中止合同提现。延续长期寿险保单，与保单持有人本来的风险态度和运用资金去购买保险的初衷是相一致的。所以延续此类保险合同，才能更好地保护保单持有人的利益。各国在处理保险合同的延续上，都给予了足够的重视。

（5）政府支持

虽然保险保障基金原则上是由各会员公司集资建立的，但它离不开各国政府的大力支持。如前文所述，保障基金通常不是行业自发建立的，而是政府为了维护社会稳定，在建立保障基金的同时采用行政和财政手段，支持与辅助保险保障基金的有效运作。例如日本政府允许该国的保险保障基金可在政府授权下从金融机构贷款，以增强其应对突发的重大保险公司偿付能力危机事件。除了政府给予的融资贷款支持外，如美国还会对保障基金提供财税支持。美国大多数州都允许公司将保险保障基金缴费直接抵减其应缴纳的保费税（营业税），从而将这部分额外的成本转嫁给政府财政，再进一步分摊给全体纳税人。

四、保险保障制度研究

通过第三部分的分析研究我们知道，世界各地的保险保障基金虽然在设置、运作等方面有所不同，但也体现出一些共同特征。在设立的目的上，都是保护保单持有人利益，维护金融稳定；在成员组成上，一般都要求凡在本地有营运资格的保险公司必须作为会员加入基金体系；在治理结构上，基金一般都是独立法人，由会员机构选举产生（也有的由监管机构指派）的理事会负责管理；在保障范围及标准上，基金一般采取多层次保障，对强制险保单持有人进行全额补偿，对其他险种保单进行比例补偿或限额补偿，对再保险、海上保险、信用保险等不予补偿；在补偿对象上，一般只对个人及小型机构进行补偿，而对大型机构保单持有人不予补偿；在资金来源上，基金都是从会员公司收取保费，其标准一般依保险公司的市场份额或保费收入而定。为保证有充足的资金来源，一些地区还规定在基金资金不足时，可以获得政府的财政援助。

保险保障基金制度自创立以来已经历了半个多世纪的发展历程。不同的国家结合自己的国情、社会制度、经济发展的阶段和水平、相关法律与法规等因素，积极探索适合本国的制度框架和实施办法，积累了不少值得借鉴的经验。为借鉴和吸收其他国家和地区在发展过程中积累的经验和教训，完善我国保险保障基金制度，下面我们从基金的管理、筹集和使用三个方面对美国、英国、日本和中国台湾地区的保险保障基金制度进行横向和纵向比较分析。

（一）美国

1. 基金的管理

美国的保险保障基金组织形式受其监管体制的影响，也是以州为单位运作。每个州都分别设立了寿险和非寿险保障基金账户，并交由人寿与健康保险保障协会和财产与意外保险保障协会分别管理。管理协会属非营利性民间机构，受州保险监管机构监督。协会成员从会员保险公司选举产生，主要负责评估需征收保障资金的总量。在各州取得经营许可执照的公司依法强制成为该州保险保障协会的会员，履行向基金账户缴费的义务。即如果一家保险公司在某一州注册，并取得了 10 个州的经营执照，则其自动成为 10 个州保险保障协会的会员。两个基金账户彼此独立，不相互资助。各州又将基金账户按险种区分出多个二级子账户，旨在将征收的资金，专项用于对应的保险产品市场保障上，反映了基金征收与使用的公平性。

（1）纽约州的保险保障基金制度

①寿险保障基金制度

该制度创建于 1941 年，可以说是当时世界上第一个完整的保险保障基金制度，其设立的目的旨在应对人寿保险公司经营危机，导致其无法履行所应尽的义务的情况，对被保险人和受损失的第三者，在一定限额内给予补偿和救济。

为了管理好保险保障基金，纽约州成立了人寿保险保障公司，公司为非营利的法人机构，由保险监督官协会（NAIC）和会员公司选举 5～13 人组成董事会进行管理；董事需经 NAIC 任命，实行任期制；保险监督官担任董事会主席，但无投票权。公司的职责为：

➤ 对破产人寿公司的债务进行处置，为被保险人提供救助；

➤ 为 NAIC 提供破产公司处置建议并协助做好有关工作，在监管部门的授权下，与破产公司的清算人（Liquidator）、重组人（Rehabilitator）或监管人（Conservator）签订有关协议，履行有关职责（提建议和做好准备）；

➤ 征收保险保障基金，对不缴纳公司予以处罚，既可以暂停或撤销其营业执照，也可以按未缴纳部分的 5% 进行罚款，最低不得少于 100 美元；

➤ 必要时进行对外融资，即在基金不足以处置破产公司债务时，可对外借款；

➤ 了解保险公司有关财务和偿付能力信息。

②财产保险保障基金制度

保险保障基金的管理由 NAIC 负责，具体包括：负责保障基金的征收；受保险监督官的授权，负责对破产倒闭公司被保险人债务的保障以及破产倒闭公司的重组等工作；负责保险保障基金的投资管理等。

（2）美国保险监督官协会的保险保障基金制度

①寿险保障基金制度

该制度于 1970 年由 NAIC 颁布，其设立的目的主要是保障破产公司被保险人利益不受损失。

保险保障基金的参与成员设立非营利性的法人组织负责基金的日常管理，具体内容是：负责基金的征收和管理；负责对破产公司被保险人利益的给付；参与对财务和偿付能力有问题的公司的援助、重组、转让和清算等，若基金不足，可以对外借款。

②财产保险保障基金制度

其设立的目的旨在对破产保险公司被保险人的救助和补偿，协助保险监管部门监督保险公司的偿付能力等。

保险保障基金的管理应成立非营利性的法人组织进行管理，管理层由会员公司选举 5~9 人组成，经监管部门批准任命确定，其工作职责主要包括以下四个方面：负责征收保险保障基金；参与破产保险公司被保险人的债务清偿、重组等；在保险监管部门授权下，对会员保险公司的财务和偿付能力状况等进行监督，并提出有关建议；负责对基金的投资管理，并向保险监管部门提交保险保障基金每年的财务报告。

美国保险保障基金管理的组织结构以州为单位进行运作。每个州都分别设立了寿险和非寿险保障基金账户，并交由专门的协会予以管理。鉴于许多发生偿付能力危机导致破产清算的保险公司同时在若干个州开展业务，各州在开展救助工作的同时必然会涉及一个相互协作的问题。如各州人寿和健康保险保障协会（52 个会员，含哥伦比亚特区和波多黎各）在 1983 年成立了国家人寿与健康保险保障协会组织（NOLHGA）。该组织旨在全国的层面协调处理跨州偿付能力危机案件中向保单持有人提供保障的复杂工作。当一家在多个州经营的保险公司宣布无偿付能力时，NOLHGA 将会由案件所涉及的各州保障协会成立一个工作小组，在法律、精算以及财务等方面专家的协助下，迅速而高效地处理接管与清算事务，为被保险人提供保障。NOLHGA 通常还为接管人和债权人对被清算公司实物资产的评估确认与处置提供协助，以保证所处置资产能够实现变现价值的最大化。1989 年，全美 55 个财产与意外保险保障协会又成立了国家保险保障基金协会（NCIGF）。NCIGF 的主要工作是在国家的层面，协调并监督各财险保障协会成员处理信息沟通、管理、公共政策、法律及诉讼事务，提供保障体系的财务信息以及开展教育与培训，与 NAIC 开展交流和举办论坛等。美国保险保障基金组织管理框架如图 1.4.1 所示。

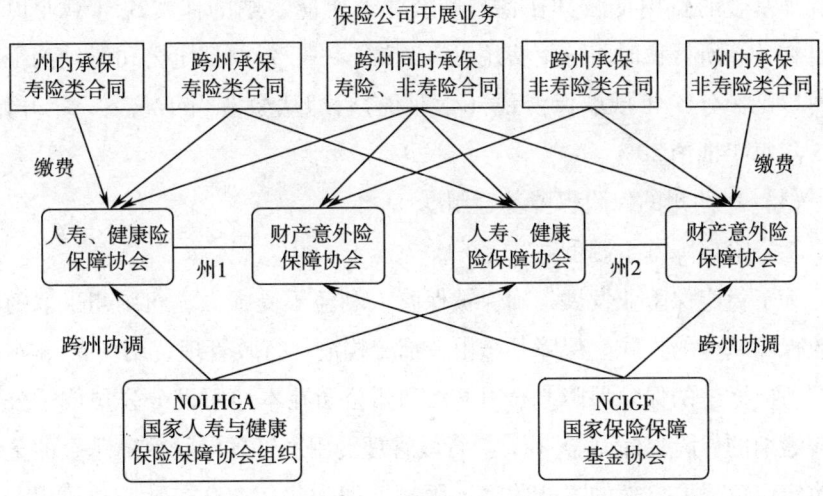

图 1.4.1　美国保险保障基金组织结构

2. 基金的筹集

美国保险保障基金的筹集主要是通过各州保障协会管辖下的会员公司缴费来实现的。美国几乎所有的州保险保障基金都是采取事后征集的办法，即在发生保险公司无偿付能力的情况时，州保险保障基金的功能才会启动。只有纽约州采取事前征集的方法，即在发生偿付能力不足情况之前就向会员公司征收费用。当保险公司因财务困难导致偿付能力不足时，州保险监管机构及州保险专员需采取措施，争取使之恢复到正常水平。若保险公司宣布进入清算程序，保险保障基金将启动，评估应对管理费用、法律诉讼费用及补偿保单持有人所需的资金总量。估算出的数额再减去破产公司资产转让变现的金额，剩余的资金缺口就需要通过向会员公司收费来填补。待保险公司破产清算以及被保险人补偿案件结束之后，多余的资金将会被退还给缴费的会员公司。纽约州的做法是维持保险保障基金账户始终存有一定数额的资金，以便在发生保险公司无偿付能力时，能够第一时间作出反应，更高效地保护保单持有人的权益。

各州的保险保障协会根据会员公司在过去一年或三年的平均保费收入占指定基金账户对应的市场总保费收入的比例（不超过平均年保费的1%～2%），确定各会员所应缴纳的费用。各州法律允许保险公司用于缴纳保障基金的费用抵减其在各州开展业务所应缴纳的保费税（营业税），并且在计算所得税时将这笔费用足额列支。一般各州规定公司缴纳的征收金可以足额分5年抵减保费税（营业税），即从缴费当年或下一年开始，分5年每年抵销20%。

（1）纽约州的保险保障基金制度

①寿险保障基金制度

为了稳定保险业发展，确保被保险人利益不受损失，纽约州采取随时征收保障基金的方式。保障基金由三部分构成：行政管理费用（A）、本州公司所应缴纳的保险保障基金（B）和州公司在本地所设分公司或子公司所应缴纳的保险保障基金（C）。行政管理费用由管理保险保障基金的董事会决定，可采取定额的方式收取，限额一般为每年200美元，也可以与B或C的保险保障基金合并采取比例征收。其计算公式有两个：一是以破产公司被保险人债务金额来确定比例：破产公司上一年各账户保费收入与破产公司上一年所有账户保费收入之比，然后乘以破产公司应支付被保险人的债务，如某公司破产应支付被保险人债务1 000万美元，其健康险上一年的总保费收入为所有账户的10%，则应向所有经营健康保险的公司征收100万美元，然后按比例向各公司征收。二是以单个保险公司前三年各账户保费收入总额与所有公司前三年各账户的保费收入总额来确定。

②财产保险保障基金制度

基金采取事前按比例征收，保险公司须于每年的2月、5月、8月、11月的15日之前，将本季的保费收入按0.5%缴纳保障基金，不按时缴纳者，每月按未缴纳基金的5%予以处罚，每超过一个月加收1%罚金。当基金总额达到2亿美元时，停止征收，当低于1.5亿美元时，回复征收至2

亿美元。

（2）美国保险监督官协会的保险保障基金制度

①寿险保障基金制度

保险保障基金属于事后征收，一旦征收通知下达，各保险公司必须于30天内缴纳，否则加收罚息。基金由两部分组成：一是行政管理费及其他费用，称为"A"；二是支付破产保险公司所需基金，称为"B"。对于A的费用可以采取定额征收方式，其金额为每年150美元，也可以采取与B合并按比例征收。对B的征收，则根据破产保险公司应承担保险合同的义务，按照保费收入、准备金或其他标准的一定比例征收。

②财产保险保障基金制度

示范法建议采取事后征收方式，按照每类账户的保费收入的一定比例计算所收基金。由于是示范法，各州根据其实际情况确定比例，一般为保费收入的1%~2%。

3. 基金的使用

各州的保障对象首要的是居住在本州的保单持有人，其次才会在一定情况下对非本州居民提供保障。若非本地居民申请补偿，则需满足特定的条件，如破产保险人总部在该州，或保险人未在被保险人居住州取得经营执照，抑或被保险人的保单属于本州保障基金覆盖范围，但不在其居住州覆盖范围内等。各州还规定对保单持有人的补偿不能超过原保单保障的额度。一般单笔寿险保单的死亡给付被限制在30万美元，而如果保单持有人选择中止保险合同并提现的话，最高可以获得10万美元的现金。各州对财产与意外保险的单项最高补偿一般规定为30万美元，但是这一限制不适用于工伤保险，即工伤保险可获得全额赔付。

（1）纽约州的保险保障基金制度

①寿险保障基金制度

保障的范围：凡是经批准在纽约州经营保险且其业务范围符合保险保障基金保障范围的人寿保险公司，都必须参加保险保障基金制度。因健康险与人寿险、年金保险经营管理差异大，在寿险保障基金制度下又分别设立健康险账户、人寿险账户及年金账户。其范围主要包括人寿保险、健康保险和年金险等，但下列保险不包括在内：变额寿险和变额年金由被保险人承担风险的部分；由被保险人自己导致的风险；被保险人不是美国公民或不是永久居住者；不是以美元交纳保险费的保险契约；年金保险的保证利率明显超出一般利率水平，则保障上限为合理利率下的保险给付；对既是被保险人，又是保险公司股东并拥有 20% 股权的，在保险公司偿付能力不足并可能破产倒闭前 90 天之内投保或续保的，保险保障基金制度不予补偿和救助。

保险保障基金保障的最大限额：无论一个被保险人在破产倒闭公司有几张保险合同，累积可获得的最多救助和补偿为 50 万美元。

②财产保险保障基金制度

保障金额：如果是劳工保险，无论被保险人损失有多大，都进行全额保障。对被保险人购买的其他保险，每人每次只能提供保险保障金额为 100 万美元，或每张保险提供保障金额 50 万美元。

保障范围：保障范围包括汽车意外险、火灾保险、水灾保险、盗窃险、玻璃保险、财产损失保险、保证保险、劳工保险责任保险，未到期责任保费的返还等。

（2）美国保险监督官协会的保险保障基金制度

①寿险保障基金制度

保障金额：一般来讲，人寿保险给付每人为 30 万美元，而现金价值给付上限为 10 万美元，健康保险每人为 10 万美元，年金给付每人为 10 万美元，但各州可以根据其情况自行调整。

保障的范围：保险保障基金设有两个账户，即寿险和年金账户、健康保险账户。保障范围为人寿和年金保险、健康保险，但以下情况除外：保险公司没有承保的风险和被保险人造成的风险损失；保单的预定利率在承担给付义务时，超过以下利率的值（即此保单 4 年平均预定利率超过同期穆迪债券平均收益率减 2% 的值，或者此保单的预定利率超过最近穆迪债券收益率减 3% 的值）；保单的分红部分；未被正式核保通过的保险合同等。

②财产保险保障基金制度

保障金额：除劳工保险全额保障外，其他险别因各州情况自行确定，一般在 10 万美元到 50 万美元之间。

保障范围：该基金分设三个账户，即劳工保险账户、汽车保险账户和其他保险账户，如此分设账户的目的是将相同性质的业务归类，易于管理并可实现所谓的专款专用。因此，除了以下险种类别，即人寿保险、年金、健康保险、抵押保证保险、财务保证保险、投资风险保障保险、海上保险、核保有关关联关系人的保险等险种不保障之外，其余都是其保障的范畴。

（二）英国

1. 基金的管理

英国保险保障基金的管理主要通过保单持有人保护委员会进行管理。保单持有人保护委员会为法人组织，通常由英国国务大臣任命 5 名来自保险行业和消费者的代表组成，其中至少 3 名为保险公司负责人，委员实行任期制，任期为 2 年。该委员会具有独立的权利能力、行为能力，受国务大臣的监督管理。

其主要工作是：①监督保险保障基金的征收管理与投资；②负责对破产公司被保险人利益的保护；③对财务和偿付能力有问题的公司进行有限的援助、重组、转让和清算等；④向国务大臣报告有关基金的财务状况等。具体的组织结构如图 1.4.2 所示。

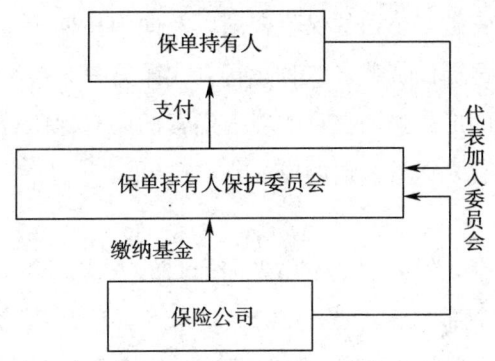

图 1.4.2 英国保险保障基金管理的组织结构

2. 基金的筹集

保险保障基金的收取并不是年年进行的，而是委员会根据英国保险市场的经营和风险等因素来综合决定收取的时机和费率。征收的方式为事后征收，其征收比例就其 1988 年、1990 年、1991 年和 1992 年分别采用的水平而言，财产保险为上一年净保费的 0.08%、0.25%、0.5% 和 1%；寿险在 1975 年征收过一次，费率为 0.25%。

3. 基金的使用

当保险公司发生资金困难或处于破产清算时可以动用保险保障基金。资金困难包括两种情况：法院发布了保险公司停业的命令；保险公司正在与债权人就解决财务纠纷达成某种妥协。自 1975 年英国保险保障基金制度建立以来，共有 11 家非寿险公司和 5 家寿险公司破产，其被保险人利益得到了保险保障基金的保护。

（三）日本

1. 基金的管理

日本建立了寿险与非寿险保单持有人保护公司，分别管理两个基金账户。负责管理基金的委员会成员多数为独立理事，代表着公众与消费者的利益。保护公司的主要运行方式包括向接手的救援公司提供财务援助以及在没有公司提供援助的情况下承担破产公司的赔偿责任。根据 2000 年实施的新保险法对于部分条款的修改，保护公司的运营模式上又新增了建立过渡子公司以临时接管破产公司的保险合同以及向因短期现金流问题而无力支付赔偿的保险公司提供贷款（三种运行方式详见图 1.4.3）。同样，日本政府也采取了立法的形式强制在日本境内经营的所有保险公司包括外资子公司，成为保单持有人保护公司的成员。

2. 基金的筹集

日本的保单持有人保障基金采用事前征收的方式，全部寿险公司年总缴费 560 亿日元，全部非寿险公司年总缴费 65 亿日元。基金账户的总体规模则分别限制在 5 600 亿日元和 650 亿日元，即全体成员公司年最高缴费的 10 倍。各成员公司的年缴费总额视其净保费收入以及累计责任准备金而定。同时政府保证对基金提供永久性的贷款，允许其在监管机构授权下向

● 在有救济公司接管破产保险公司保单的情况下

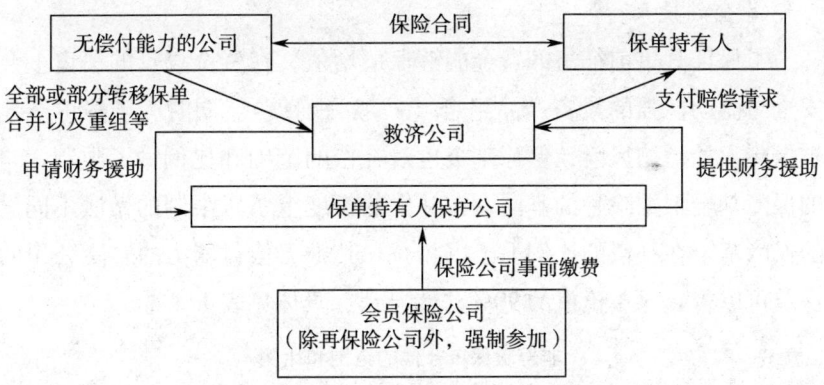

● 在保单持有人保护公司接管破产保险公司保单的情况下

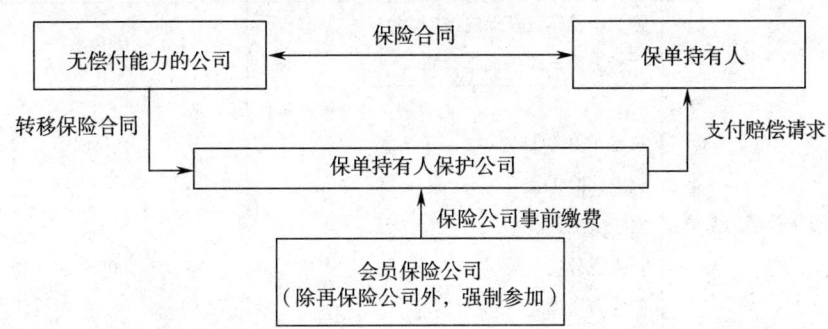

● 在由过渡公司接管破产保险公司保单的情况下

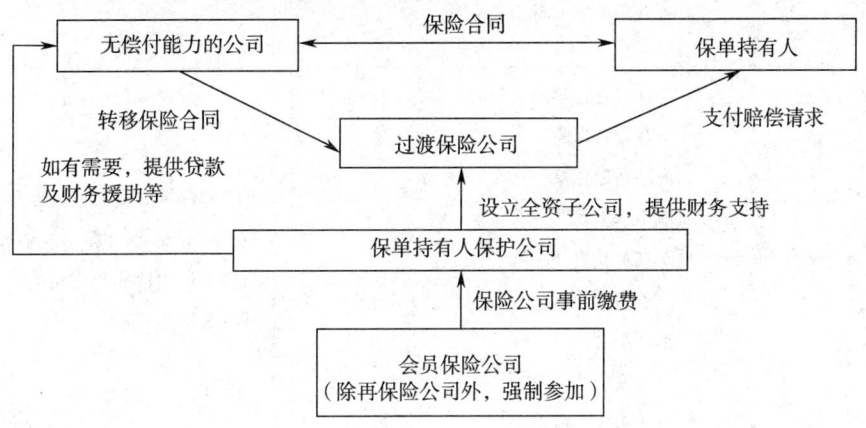

图 1.4.3　保单持有人保护公司运行方式

金融机构贷款不超过 9 600 亿日元。

3. 基金的使用

为了保证其事前征集的资金能够保值增值，在资金投资的渠道上会选择安全与流动性强的投资产品组合（一般为国债）。同时为了尽可能地避免被保险人的道德风险，保障基金也对补偿的范围和比例做了限制。与美国的保障基金根据险种的不同，在补偿的额度上予以限制的做法不同，日本的保障基金在补偿的比例上予以扣减。其中无偿付能力的寿险公司的全部保单可以得到保单价值的 90% 作为补偿，具体见表 1.4.1。

表 1.4.1   非寿险保单补偿的范围和比例

	保单类型	补偿比例
	强制机动车责任保险（CALI） 住所地震风险的保险合同	100%
可供补偿的保单	机动车保险① 火灾保险①② 第三者责任险① 个人意外伤害险 医疗费用保险 护理费用保险 境外旅游者人身伤害险等	90%
不予补偿的保单	不在上述保单范围内的 海洋货物保险 内陆运输保险 航空保险 工伤补偿责任保险 一般责任险 动产综合保险 机器及安装保险 承包人风险保险等	此类型保单的损失不由保单持有人保证公司提供补偿，其损失可能视破产公司的财务状况补偿一部分

注：①包含储蓄类型的保单；②火灾保险合同限制在私人、小规模企业及公寓所有人组成的机构。

（四）中国台湾地区

1. 基金的管理

根据"财团法人保险安定基金组织及管理办法"第二条的规定，财团法人保险安定基金由财团法人财产保险安定基金及财团法人人身保险安定基金合并设立，这也就确定了安定基金主体上的唯一性。这是该办法在2008年修订后的新内容，在此之前，保险安定基金包括财团法人财产保险安定基金及财团法人人身保险安定基金，财产保险安定基金及人身保险安定基金应各设委员会，分别进行管理。该办法的修订，使安定基金的资源得到有效整合，构建了场外监控机制，强化了预警系统，进而有效掌握了保险业经营信息，协助主管机关适时监督保险业经营风险。

安定基金的资金运用有三种方式：金融机构存款，购买国债、金融债、可转让定期存单、银行承兑汇票及银行保证商业本票，以及其他经主管机关核准的资金运用项目。

2. 基金的筹集

依据台湾"保险法"第一百四十三条之一第三项、第四项规定："安定基金由各保险公司提取；其提取比率由主管机关根据经济、金融发展形势及保险公司承担能力确定，并不得低于各保险公司总保费收入的0.1%。""安定基金累积基金不足以保障被保险人权益，且严重危及金融稳定时，经主管机关同意，可以向金融机构借款。"

"财团法人保险安定基金组织及管理办法"第五条规定："安定基金应根据基金累积及动用情形、经济、金融发展情形及保险公司承担能力，适时提供主管机关依本法第一百四十三条之一第三项厘定或调整提取比例之建议。""财产保险安定基金专户或人身保险安定基金专户累积之金额有不足保障被保险人权益，且有严重危及金融安定之虞时，安定基金应即依本法一百四十三条之一第四项规定，拟具向金融机构借款及偿还计划，报主管机关核准。"

由上述条文可见，安定基金如果面临资金不足的情况，可以有两个解决途径：一是安定基金可以向主管机关提出调整筹集比例的建议，二是安定基金可以在获得主管机构核准后向金融机构借款。已被废止的1992年颁布的"保险安定基金组织及管理办法"，对安定基金的筹集还有一条规定，"保险安定基金总额不足支应因'保险法'第一百四十三条之三规定之情事者，得采事后征收方式，依各保险业总保险费收入一次或分次补提取足之。"（第十四条）简单地说，也就是允许安定基金在事先筹集不足以应付危机的情况下进行事后筹集。新的办法中这一条没有保留。本课题组看来，之所以删除此条，关键在于事后筹集有违公平，对于已经发生危机的公司来说，它已经不具备偿付能力了，更不可能指望它再对安定基金作出贡献，所以只能由其他经营状况正常的保险公司来缴纳，事后筹集实际上就是让经营状况良好的保险公司为问题保险公司买单，这不公平。

2001 年颁布的"财团法人保险安定基金组织及管理办法"取消了对安定基金总额的限定。按照 1992 年颁布的"保险安定基金组织及管理办法"的规定，财产保险安定基金之总额暂定为 20 亿元新台币，人身保险安定基金总额暂定为 40 亿元新台币。从 2005 年安定基金对国华产险的救助来看，幸好新的办法取消了这一限制，否则以当时的救助总额来计算（约 16 亿元新台币），一次救助就会几乎耗尽财产保险安定基金的所有资金。应当说，安定基金或者类似的基金，设定一个总额限制，其目的在于减轻行业的负担。但是在保险保障基金建立初期，由于资金规模本身较小，如果再设定一个很小的规模上限，一旦真的出现需要救助的问题保险公司，安定基金可能很难发挥很大的作用。从台湾国华产险的例子就可以看出。从规模上来看，台湾国华产险在台湾财产险市场中属于中小公司，市场份额仅为 2.7%，如此小的保险公司的破产都使安定基金伤筋动骨。那么，如果真有一家大中型保险公司遇到危机，安定基金就无能为力了。所以，不适宜对安定基金施以规模上的限制。

3. 基金的使用

根据"保险法"一百四十三条之三第一项的规定，安定基金主要职责如下：

- 对经营困难保险公司贷款。
- 保险公司因经营不善，发生巨额亏损时，与同业公司进行合并或重组，安定基金通过低利率贷款或补助的形式进行扶持。

- 保险公司依第一百四十九条第四项规定被接管、勒令停业整顿或命令解散，或经接管人依第一百四十九条之二第三项规定向法院申请重组时，安定基金于必要时应代该保险公司垫付被保险人及受益人依有效契约所得为之请求，并就其垫付金额取得并行使该被保险人及受益人对该保险公司之请求权。

- 保险公司依本法规定进行重组时，为保障被保险人权益，协助重组程序之迅速进行，投保人、被保险人及受益人除提出书面反对意见者外，视为同意安定基金代理其出席关系人会议及行使重组相关权利。安定基金执行代理行为之程序及其他应遵行事项，由安定基金订定，报请主管机关备查。

- 受主管机关委托担任接管人、清理人或清算人职务。

- 经主管机关人认可承接不具清偿能力保险公司的保险契约。

- 其他为稳定保险市场或保障被保险人权益，经主管机关核定的事项。

安定基金的救助范围及限额：

（1）财险安定基金的救助范围及限额

财产保险安定基金在代保险公司垫付投保人、被保险人及受益人依有效契约所得为请求，有一定的范围和最高限额：

- 保险契约请求保险赔款或保险金者，垫付之限额如下：

➤ 申请强制汽车责任保险给付者，依强制汽车责任保险给付标准垫付。

➤ 申请住宅地震保险赔款者，依住宅地震保险共保及危险承担机制实施办法规定垫付。

➤ 其他各种保险按保险契约得请求之保险赔款或保险给付90%垫付，并以300万元新台币为限。

➤ 同一人在同一保险公司（保险合作社）有数个请求权者，垫付金额以300万元新台币为限。责任保险依"保险法"第九十四条第二项直接向保险人请求给付赔偿之第三人应与被保险人合并计算该垫付限额。

- 依保险契约请求退还保险费者，按得请求金额40%垫付。

可见，财产保险安定基金对保单持有人的救助是分不同情况区别对待的：对于强制险，给予全额垫付，且没有最高额限制；对于其他保险，按90%的比例垫付，同时还有300万元新台币的限制。同时，为了防止保险公司危机发生时保单持有人的挤兑行为，对于退还保费的请求只给予少部分的救助，也是以法律的手段降低保单持有人的退保动力。

（2）人身保险安定基金的救助范围及限额

人身保险安定基金对保单持有人的垫付，也有一定的范围和限额：

• 身故、残废、满期、重大疾病的保险金：按每一被保险人计算；按每一保险事故计算；或按每一被保险人计算，为请求金额的90%，最高以300万元新台币为限。

• 年金（含寿险生存给付部分）：按每一被保险人计算，为请求金额的90%，每年最高以20万元新台币为限。

• 医疗给付：以每一被保险人计，每一保险事故之垫付，每年最高以30万元新台币为限。

• 解约金给付：按每一被保险人计算，为请求金额的20%，最高以100万元新台币为限。

• 未满期保险费：按每一被保险人计算，为请求金额的40%。

• 红利给付：按每一被保险人计算，为请求金额的90%，最高以10万元新台币为限。

可见，人身保险安定基金和财产保险安定基金一样，对保单持有人的救助是分不同情况区别对待的，保障性强的险种，垫付比例高，投资性强的险种，垫付比例相对较低。同时，各险种均设定了最高额限制，保障性强的险种最高额也高，投资性强的品种最高额较低。

（五）各国（地区）实践的差异性分析

不同国家与地区建立保险保障基金制度的初衷，均以保护被保险人利益为目的。但是，制度的安排和实施与国家和地区保险业发展的状况、宏观经济和金融体系的完备程度、所在国或地区保险法律法规，以及政府监管部门的公共政策等密切相关，所以保险保障基金制度不会是一个模式，而是存在一些差异。

1. 征收方式

保险保障基金制度一般有如下三种征收方式：一是事前征收方式；二是事后征收；三是事前事后兼而有之，称为混合模式。

（1）事前征收模式

事前征收是指在保险公司没有发生破产倒闭之前，事先按一定比例收入保险保障基金以备今后使用，采取事前征收的国家和地区如美国的纽约州、韩国、中国和中国台湾地区。

采取事前征收的优点是：①提早做准备，做到未雨绸缪，防患于未然。由于保险公司破产倒闭具有一定的不确定性，一旦出现公司倒闭，对被保险人和社会大众的影响比较大，容易引起退保、大量索赔等问题。如果拥有一大笔保险保障基金在手，及时处置就能够起到稳定人心，稳定市场之功效。②具有一定的公平性。由于市场上所有保险公司均参与其中，机会均等，一视同仁。③不会影响保险公司财务的巨大波动。由于保障基金是按照一定时间、比例在各公司征收的，所筹集的保障基金被分摊到各个年份，不会导致保险公司成本的突然增加，影响公司的现金流和财务的稳定性。

缺点是：①所征收基金的量难以控制。因为收取的基金是为了应对公司破产倒闭所致的风险，而保险公司没有发生破产之前，应该收取多少基金难以预测。因此，事前征收存在征收的"量"难以把握的问题。②可能增加公司的成本，并产生基金大量闲置或被挪用等道德风险问题。从本质上讲，保险保障基金是保险公司和被保险人的成本支出，如果征收多了，没有倒闭公司事件发生，加大了保险公司成本，影响公司的承保能力，增大了被保险人购买保险的成本。此外，对基金的日常管理，不仅要花费成本，而且可能产生挪用、投资失败等风险，其结果最终都要转嫁到保险公司和被保险人身上。

（2）事后征收模式

事后征收是指根据破产保险公司所需的资金量，按照一定比例，向所有保险公司进行分摊的一种征收方式。如美国各州除纽约州的财产险外，都是采用事后征收方式。

其优点是：①量出为入，做到"收支平衡"。②不易形成大量闲置资金，从而也就不可能产生大量的基金管理成本和人为风险。

其缺点是：①不利于及时稳定保险市场信心。因为保险公司破产倒闭事件不可能准确预测，加之金融保险业所具有的"脆弱性"和"传染性"，一个公司的倒闭风险可能传染给别的公司，从而导致整个保险市场出现危机。如待公司倒闭后才征收保险保障基金，难以快速聚集大量资金对被保险实施救济、退保和索赔，也难以有效稳定保险市场和社会大众对保险业的信心。②由于事后征收的时间性强、金额大，容易对被征收公司的财务稳健性产生不利后果，可能导致一个公司倒闭而连带另一家公司破产的结局。③不公平，因为事后征收，破产倒闭公司就被排除在缴纳保险保障基金之外，导致经营管理好的保险公司为破产公司"买单"的不公平现象。

（3）混合征收模式

混合征收模式就是事前征收和事后征收兼而有之，如加拿大。该征收模式有两种形式：①事先确定一个应征收保险保障基金的绝对金额，如加拿大是对保险保障基金的管理费事前征收，对应付破产保险公司所需基金则事后征收。②事先确定一个应征收保险保障基金的相对比例，混合征收模式的优点在于事前、事后征收模式的优点兼而有之；缺点在于事先应征收的绝对金额或相对比例难以准确确定，所确定的数额带有明显的主观色彩。

不难发现，上述三种模式都有其优缺点，而具体模式的选择完全是由一个国家监管部门对各种利弊的权衡和公共政策目标所决定。同时，事前与事后的概念只是时间点的选择而已，两者是相对的，又互为转换。在具体实践中，因为破产公司的情况复杂，事前征收的保障基金不能满足现实需要而加收时，此时征收的保险保障基金就是事后征收了。反之，事后所确定的征收金额因为时点的选择又可能成为事前征收。

目前对于究竟采用何种筹集方式，并没有普遍一致性。但是有一个趋势是，近些年才建立保险保障基金制度的国家多采用事前征收的方式，如法国和日本等。而基金建立已20年的加拿大，正向其事后征收的基本方法当中融入部分事前征收。从目前的情况来看，采用事前征收方式的保障基金，其运作的效果还是令人满意的。保有一定规模的资金，用以快速应对偿付能力危机事件，这可以看作是当前流行的新思路。而从缴费的公司角度来看，采用哪种征收方式对它们来说的区别不大。因为若采用事前征收方式，当若干年后基金达到法定规模，各公司停止缴费；此时即与事后征收相同。若采用事后征集，因对公司每年所需缴费有上限的规定，则剩余的费用分摊要各公司未来几年内继续缴纳，这又与事前征收相同。

2. 征收标准

一般公司的缴费是根据其总保费或净保费收入来计算的。这种方法相对而言比较公平合理的，因为公司的保费来源于全体投保人，其目的就是用来补偿部分人的损失。若将这个概念放大，则全行业保费收入中的一部分，将会被用做补偿因个别公司破产而受损的消费者。但是若保险公司据此提高费率，则会将这部分额外的财务负担转嫁到保单持有人身上。因此在保险保障基金的实践当中，虽然还没有哪个国家采用基于风险因素的评估与筹集方法，但是旧有思维正在被打破。日本的保障基金在计算征收额时，不仅考虑保费收入，同时也考虑技术准备金，以反映公司的支付能力。而加拿大的寿险保障基金则考虑使用公司的法定资本作为计算的依据。具体见表 1.4.2。

表 1.4.2　　　　　　　　　各国年缴费标准一览

	国家	寿险保障基金	非寿险保障基金
事前征收	法国	技术准备金的 0.05%（总额 2.7 亿欧元）	—
	日本	全体公司年缴费 560 亿日元（上限 10 年）	全体公司年缴费 65 亿日元（上限 10 年）
	韩国	保费收入的 0.45%	保费收入的 0.45%
事后征收	加拿大	法定资本的 1.33%	保费收入的 1%
	英国	毛保费收入的 1%	净保费收入的 1%
	美国	毛保费收入的 2%	净保费收入的 2%

保险保障基金征收比例的确定，在理论上和实践中都存在一定的争论。目前，学术界多停留在一般层面的理论探讨，大多数国家与地区在实践中主要采取平准费率计算征收保险保障基金，风险费率只有美国的纽约州保险监管部门采用。就平准费率而言，优点是简单，易于在实践中操

作；最大的不足是难以避免道德风险。因为信息的不对称性，保险公司之间可能掩盖其经营风险，出现风险低的保险机构为风险高的保险机构"买单"的现象，造成保险市场的不公平，最终导致市场"劣币驱除良币"行为的发生。风险大的征收比率较高，风险小的征收比例较低。这样既可以避免保险机构的道德风险也能体现公平性。但是，如何衡量保险公司的各种风险、准确确定保险公司的风险系数既是理论上又是实践中的一大难题。

本课题组认为，无论采取哪一种费率征收保险保障基金只是一个选择问题，由于保险公司的风险具有不确定性和动态性，即便是采用风险费率，此时的风险并不一定等于彼时的风险。在此时计算征收的保险保障基金是以风险费率计量，但是，过了此时它就成为了平准费率了。因此，作为一种制度安排，不可能做到十全十美。在选择征收比率时要综合考虑，不可能希望风险费率解决一切问题，还要通过加强保险偿付能力监管、法人治理结构监管和市场行为监管等措施，多方面防范风险。

3. 保障范围

为了将保障基金用于那些确实更加需要保险补偿的保单持有人身上，部分国家对基金的保障范围做了一定限制。如英国的保障基金一般仅向个人与合伙小企业提供保障，而大型企业被保险人仅能申请一些强制险的补偿。还有些国家，大型企业被认为在购买保险时，应具有风险管理的意识和能力，因此不被包括在保障范围内。但也有部分国家的保障基金并未对保单持有人的资格做严格的限定。这是由于此类国家对于补偿支付总额的限制是根据一般保单持有人的情况而制定的，可以有效地保障此类群体的利益，因此大型企业很难从安全网体系中获利，进而降低了道德风险。

4. 补偿限制

大多数保险保障基金都对保单持有人的补偿限额做了规定。此举旨在通过不足额的赔偿，将损失在所有保单持有人中间分摊，从而达到降低保单持有人道德风险的目的。但在实际操作中，各国在限制方法的选择上存在一定差异。补偿设限的方法总体上可分为两类，即限额支付和比例支付。一般采用限额支付的，其设限的对象是每个保单持有人，而不是单张保单。这就要求将保单持有人持有的全部保险合同加总，得出其所能获得的最高补偿金额。采用比例支付的保障基金，则是对全体保单持有人可获得的补偿打上一个折扣。或者是两种方法同时使用，即在按比例补偿的同时也规定最高支付限额。此外，对于非寿险合同的未到期保费，有些国家不予退还，而有些国家则按一定比例给予退还。具体见表1.4.3。

表1.4.3　　　　　　　　　各国补偿限制一览

国家	寿险保障基金	非寿险保障基金
法国	70 000 欧元	—
加拿大	200 000 加元，最高 60 000 加元的折现价值	250 000 加元
美国	300 000 美元，最高 100 000 美元的折现价值	300 000 美元
爱尔兰	65%，最高 825 000 欧元	—
日本	90%	90%
英国	90%	90%，3 200 欧元以下足额给付

无论采取何种形式的补偿限制，其最终目的都在于降低保单持有人的道德风险，只是侧重有所不同。限额支付主要是针对大型企业希望在安全网中获利的行为。一般个人保单持有者的保险金额都在设定的最高限额以内，因此基金完全可以有效地保护这部分人的利益。采用这种方法通常还会对处理破产清算案件的成本设限，以减轻会员公司的财务压力。比例支付所针对的是全体的保单持有人，即个人和小企业也需分担选择保险公司不当的后果。通过打折的做法，可以让全体消费者、保险公司和监管机构意识到风险，从而强化市场的有序性。

5. 组织模式

不同的国家和地区对保险保障基金的管理有不同的模式。综观之，目前主要有三种组织管理模式：一是非营利性的企业法人，如美国、英国、中国台湾地区。该类组织均是在监管部门的批准下，成立公司对保险保障基金进行管理，公司设立董事会，董事由政府监管部门批准，董事主要来源于政府监管部门、保险公司、有关学术团体和被保险人代表等。二是社团法人，如加拿大。该组织是保险行业自己成立的，由保险公司作为会员并制定有关章程，负责组织内部的管理；三是隶属于政府监管部门，如韩国。韩国在保险监督院下设保险保障基金管理委员会，委员会由9名委员组成，包括监督院院长（担任主席）、有关政府官员、产险和人寿险公司的行业协会代表等。无论采取哪一种方式，都是所在国家和地区的制度规定和习惯使然。

6. 功能定位

保险保障基金制度的功能问题是指保险保障基金制度发挥作用的问题，这与一国政府监管部门对保险保障基金制度的立法本意、赋予该制度的权力大小有关。尽管存在理论和实践的争论，但是概括起来有纯粹的付款箱功能、成本最小化功能和风险最小化功能三种主流的观点。

（1）纯粹的"付款箱"功能。该观点认为，只有当保险公司已经宣布破产倒闭后，保险保障基金制度才根据破产公司所欠保险人的债务情况，给予被保险人一定的保障救助。保险公司未破产之前，该制度不予介入。用通俗的话讲，保险保障基金制度只为破产公司"买棺材"之用。

（2）成本"最小化"功能。该观点认为，在保险公司未破产倒闭之前，提前介入并干预该公司的管理事务，了解有关经营信息，以减少或降低保险保障基金的成本支出。一旦公司宣告破产后，保险保障基金能够提早并及时制定出保全破产保险公司资产最大化、负债最小化的方案并付诸实施。用通俗的话讲，保险保障基金制度的功能不仅只限于"买棺材"，必要时也可以对经营有困难的公司进行"救伤"，既能救助，以减少保险保障基金的成本。应该说，目前绝大多数国家的保险保障基金制度拥有这一功能。

（3）风险"最小化"功能。该观点认为，保险保障基金制度要评估其所救助的保险市场的风险，一是破产倒闭公司可能给保险保障基金带来的风险，二是整个保险业的风险，通过对整个保险业的风险评估，既能确定保险保障基金收费的标准，又对可能发生偿付能力不足的公司进行提前干预。这种功能使保险保障基金制度承担了第二监管机构的角色。这似乎与美国存款保险相似。

本课题组认为，保险保障基金制度的功能设置不可能是单一的，而是由政府公共政策的目标决定的。尽管制度间有所差异，但是建立保险保障基金制度的根本目的是相同的，其在保护被保险人利益，维护保险市场和金融业稳定、健康发展、增强人们对保险业信心的方面具有重要的意义和作用。

(六) 其他国家 (地区) 经验借鉴

通过对各国保险保障基金实践的研究与比较发现，各国对于建立保险保障基金的目的及基金本质和意义的理解大体相同。而各国也针对本国的实际情况，在基金具体的筹集和使用方法上作出了自己的选择。从以上分析可以看出，各国保险保障基金的管理在组织结构设置、基金筹集方式、成员结构设置等方面有很多值得我国借鉴的地方，尤其是中国保险保障基金公司刚成立不久，需要借鉴发达国家的经验。

第一，明确保险保障基金在风险处置中的作用有助于解决委托—代理问题。在高风险保险公司的风险处置中，以美国为代表的一些国家采取的是由保险监管机构选择接管人与清算人，而保险保障基金只作为付款箱对保单持有人进行补偿的方式。根据对美国 1986 年以后 154 个非寿险公司破产案的实证研究，这种方式易导致较严重的代理问题，降低保险公司的资产清收率，进而给保险保障基金带来较高成本。目前，我国还没有对保险保障基金如何参与高风险保险公司的处置过程及其与托管人、清算人的关系进行规定。建议相关部门尽快出台保险公司市场退出办法，做好其与《保险保障基金管理办法》的衔接，并强化保障基金在风险处置过程中的作用，最好明确由保障基金负责高风险保险公司的接管或清算工作，以解决委托—代理问题。

第二，增强保险保障基金的独立性有助于提高风险处置效率。由于金融机构破产不可避免地会给监管机构造成压力，容易导致监管机构在需要采取严厉措施处置风险时拖延不决，形成监管容忍，给事后的补偿救助工作带来更大的成本。因此，金融监管职能与风险救助职能合二为一会产生利益冲突。鉴于此，进一步增强保险保障基金的独立性具有积极意义。

第三，提供多层次、差异化的补偿有助于防范道德风险。鉴于一些国家在缴纳保险保障基金时以简便易行的方式考虑了保险公司的风险状况，如日本的保障基金在计算征收额时考虑了技术准备金，以反映公司的支付能力，加拿大的寿险保障基金则考虑使用公司的法定资本作为计算的依据，而且从理论上看，根据风险状况确定的差异化费率有助于防范道德风险。

第四，"事前、事后"相结合的基金筹措制度具有积极意义。目前，我国采用"事前"收取保费的方式筹措保险保障基金。这种方式虽有利于在风险发生后快速补偿，增强公众对保险业的信心，但也存在一些缺点：一是从保险公司转出了部分资金，降低了其资金运用规模，削弱了盈利能力；二是转入保险保障基金的资金，资金运用以安全性为第一，但损失盈利性。同时考虑到保险公司从接到索赔申请到赔付资金，一般还要经过理赔过程，时间紧迫性不强，为此，可借鉴国外经验，采取"事前、事后"相结合的基金筹措方法。在"事前"只收取部分资金，如在"事后"发现基金不足，再增收保费予以弥补。为防万一，可赋予保险保障基金一定的临时融资权，以解决其可能遇到的燃眉之急。

第五，应加强管理人员的专业化与职业化。在西方，非营利组织的发展越来越走向职业化，以提高管理的效率。在人员构成上，美国、英国都由保险行业职业经理人作为保险保障基金的管理人员，同时尽量避免政府人员的介入。我国保险保障基金公司化后更应聘请资金运用、基金管理的专业人才，这些人才有从业的经验，能够洞悉市场的需要，对保险市场发展的把握也会更为准确。保险保障基金管理人员专业化的同时，更需职业化。

五、结论与建议

（一）基本结论

1. 关于保险行业保障风险

（1）保险行业保障风险是指保险保障基金或公司作为保险行业的最后安全网，存在的保障保单持有人合法权益和维护保险业稳定发展的不确定性或风险；或者说保险保障基金或公司保障保单持有人合法权益和保险业安全的能力不足、功能减弱或丧失的不确定性或风险。结合我国保险业风险的形成链条和防范机制来看，保障风险可以进一步理解为：保险保障基金或公司在处置前四道"防线"不能有效防控的行业风险过程中，存在的保障保单持有人合法权益和保险业安全能力不足、功能减弱或丧失的不确定性或风险。

在显性保险保障制度下，保险行业保障风险的直接承担主体是保险保障基金或公司，但由于保险行业保障风险事实上都构成了一国公共风险的一部分，其最终承担者是政府，最终须由政府承担和化解。

（2）保险行业保障风险由保险保障制度决定。设计不佳的保险保障制度，不仅制约其发挥应有的作用，而且作为保险业的最后安全网还可能会面临着一系列的道德风险，从而加大保险保障风险。因此，无论是作为保险保障制度的供给方和潜在担保者，还是作为保险保障风险的承担者，政府都需要将通过制度优化来防范和化解保险保障风险作为首要选择和重中之重。

（3）保险行业保障风险源于行业风险。保险市场中的大部分风险可以由行业和公司自主化解，并非所有的行业风险都转化为保障风险。但在行业风险不能自主解决的情况下，可能发生保险行业保障风险。

（4）偿付能力风险及相应的财务风险应纳入保险保障风险的范围，并作为重点密切跟踪监测。体制风险和监管风险都是保险行业前端的风险，应按照激励相容和责权利相统一的原则由所有者和监管机构分别加以解决。同时，再保险公司经营失败的风险一般不纳入保险保障风险的范围，但需要对其在事前进行特别监管以及事后通过同业救助和政府财政补贴等保险保障基金以外的其他形式施以援助。

2. 关于保险保障基金定位

（1）保险保障基金是政府主导的保险行业互助基金，取之于保险行业并用之于保险行业。同时，保险保障基金是一种保护保单持有人利益的制度安排，是显性保险保障制度下保险市场退出机制的一部分。

（2）保险保障基金的基本职能是风险救助和风险处置，进而保障保单持有人的利益，增强公众对保险行业的信心，确保保险业平稳发展。另外，作为显性保险制度下市场退出机制的组成部分，有利于保险市场公平竞争，提高市场效率。

（3）保险保障基金与相关主体可能产生双向激励。保险机构所有者、保单持有人、行业监管机构和金融安全网以及政府联系紧密，需要防范道德风险，发挥正向激励的作用。

（4）保险保障基金资金筹集制度各有优劣，在不同国家面临不同的情况。发达国家的保险公司实力雄厚，保险市场运作规范，事后筹集制度更为合适。但由于发展中国家保险市场体系本身不完善，很容易出现基金缴费的道德风险，事前筹集制度要优于事后筹集制度。

3. 关于保险保障制度的经验借鉴

（1）保险保障基金管理机构通常应该独立于政府监管机构与行业内单一成员，但由于保险保障基金已经成为国家金融安全网的一部分，在其运作过程中需要与行业监管者紧密配合。

（2）基金一般由行业监管者发起，并由非营利性机构管理。保险保障基金一般为行业监管者发起，并由市场中的各会员公司共同集资建立。保障基金通常交由非营利性的法定机构负责日常管理，但在其运作过程中，普遍与行业监管者紧密配合。

（3）覆盖范围有宽有窄。各国的保障基金有些是覆盖行业内大多数保险产品的，有些则是针对某一特定险种的保障计划。

（4）产寿险独立运营。由于产险和寿险产品的性质具有较大差异，多数国家的保险保障基金按照产寿险分类，分别设置人寿健康保险保障基金和财产意外保险保障基金。只建立单一基金的国家，也会分别设立寿险与非寿险的两个基金账户，通过独立运行有效避免交叉补偿的现象产生。

（5）保险保障基金的最基本目的是保障保单持有人的权益。各国建立保险保障基金的最基本目的就是为了保障保单持有人，进而确保行业稳定。当保险公司不具偿付能力时，保障基金会进入风险救助和风险处置程序。对于持有长期寿险产品的保单持有人，各国普遍会延续他们的保险合同，以更好地保护保单持有人的利益。

（6）保险保障基金离不开政府的大力支持。保障基金通常不是行业自发建立的，政府为了维护社会稳定，在建立保障基金的同时采用行政手段和财政手段，支持与辅助保险保障基金的有效运作。

（7）明确保险保障基金在风险处置中的作用有助于解决委托—代理问

题。由保险监管机构选择接管人与清算人，而保险保障基金只作为付款箱对保单持有人进行补偿的方式，容易导致较严重的委托—代理问题，降低保险公司的资产清收率，进而给保险保障基金造成较高成本。

（8）增强保险保障基金的独立性有助于提高风险处置效率。由于金融机构破产不可避免地会给监管机构造成压力，容易导致监管机构在需要采取严厉措施处置风险时拖延不决，形成监管容忍，给事后的补偿救助工作带来更大的成本。

（9）提供多层次、差异化的补偿有助于防范道德风险。一些国家在缴纳保险保障基金时以简便易行的方式考虑了保险公司的风险状况，根据风险状况确定的差异化费率有助于防范道德风险。

（10）"事前—事后"相结合的基金筹措制度具有积极意义，同时可赋予保险保障基金一定的临时融资权，以解决其可能遇到的燃眉之急。

（11）应加强管理人员的专业化与职业化。国外非营利组织的发展越来越走向职业化，管理人员职业化可以提高管理的效率。

（二）政策建议

无论是作为保险保障制度的供给方和潜在担保者，还是作为保险保障风险的承担者，政府都应科学定位保险保障基金，通过完善保险保障基金制度、改善保险保障基金的治理结构、加大政策和资金支持力度、强化对基金运作的监管等，充分发挥保险保障基金制度的内在功能，这样才能在有效防范潜在道德风险的同时，真正化解我国保险行业保障风险。

1. 强化保险保障基金的筹措能力

在我国保险行业风险较大，保障基金规模偏小，应对行业风险能力较弱的情况下，强化保险保障基金的筹措能力，既是完善我国保险保障基金制度的一项核心内容，也是有效化解我国保险行业保障风险的迫切需要。总体来看，强化保险保障基金筹措能力要做的基础性工作主要包括：根据我国保险行业风险状况与保险行业保障风险的大小，确定合理的费率水平和费率结构，并确定适当的基金积累总规模。大体程序可初步设定如下：第一步，测算和确定行业内保险公司的财务风险，并在此基础上结合其他相关因素全面评估保险行业的风险状况。从静态的角度看，保险公司的财务风险等于其偿付责任减去偿付准备（如准备金、资本金及公积金等）后的差额。第二步，确定保险市场不能自主解决的财务风险。一部分财务风险可以由市场自主化解，如通过上市融资、补充资本和同业并购等方式可以使问题保险公司恢复正常运转，这样由市场化解后剩下的是市场不能自主化解的财务风险。第三步，确定与行业风险相一致的保障基金规模。对于市场不能自主解决的行业风险，需要由保险保障基金进行相应处置。根据保险保障基金的行业互助性质，大体可以确定化解这一风险所对应的保障基金规模。从实际情况看，我国保险保障基金的规模明显偏小，很可能由于资金匮乏不能完全处置市场不能自主解决的风险，存在保障保单持有人合法权益和维护保险业稳定发展的不确定性或风险，即保险行业保障风险。对于这一部分资金缺口，可在政府的政策支持下，通过完善保险保障基金制度增强基金筹措能力，以及提高保险保障基金筹措机制的机动性加以解决。具体来看，强化保险保障基金的筹措能力可从以下方面着手：

首先，放松保险保障基金的"封顶"规定限制，为基金规模的扩大创造制度条件。按照我国《保险保障基金管理办法》第十五条的规定，即便是按照 2008 年所有的财产保险公司和所有的人身保险公司缴纳的保险保障基金同时全部达到上限也只有几百亿元，即便是随着资产的增加进一步有所增长以及加上基金进行投资运作获取一定的收益，保险保障基金的资金规模仍然很有限，明显不能满足保险行业的风险处置需要。在这种条件下，打破现行《保险保障基金管理办法》关于财产保险公司的保险保障基金余额达到公司总资产 6%，以及人身保险公司的保险保障基金余额达到公司总资产 1% 暂停缴纳保险保障基金的制度性约束是当务之急。同时，着手研究确定与保险业风险状况相一致的基金规模和平均费率水平，大体可根据我国保险行业的风险状况等相关因素的变化，进行科学评估和准确测算后加以确定。

其次，进一步优化基金费率结构。通过逐步建立以风险费率为基础，按照保险公司风险大小来计征保险保障基金的制度，真正体现保险保障基金的互助保险性质，从经济上实现保障基金费用的合理负担，即风险大的保险公司多缴保障基金，反之则少缴的费率确定机制和费率结构，有利于约束我国保险公司的道德风险，促进保险公司积极稳健经营。大体来看，可参照日本保障基金在保费收入的基础上考虑技术准备金（Technical Reserves），以及加拿大寿险保障基金考虑使用公司法定资本（Capital Required）的做法，在保持目前以保费收入作为计算依据的基础上，加入风险因素，初步考虑可参照保险公司计提的准备金等，经过对其风险的合理评估后确定。同时，从制度上明确多层次、差异化的补偿，从费用征缴和损失补偿两个方面严加防范保险保障基金制度潜藏的道德风险。例如，对与社会稳定紧密相关的险种（如机动车辆强制险）的保单持有人的损失，给予全额补偿；对普通商业保险的保单持有人的损失，给予限额或比例补偿；对与社会稳定关系较弱的险种的保单持有人，以及资产超过一定规模的机构保单持有人，少补甚至不予补偿等。

再次，明确内部融资手段。为防万一，保险保障制度中通常会赋予保险保障基金一定的临时融资权，以解决其可能遇到的燃眉之急。我国《保险保障基金管理办法》第十条规定，保险保障基金公司可以多种形式融资，但紧急融资渠道不明确。在这种条件下，进一步从制度上明确保险保障基金的融资渠道和融资方式。在内部融资方面，一是可针对我国目前采取的"事前"缴纳基金方式存在的不足，建议采取"事前及事后"相结合的基金筹措方法，侧重在事前按照实现与保险业风险状况相一致的基金规模，并在此前提下进一步明确一旦"事前"收取的基金客观上"出乎意料"不能满足风险处置需要，可在适当时候加征，以弥补资金缺口，为发挥保险保障基金行业互助的性质，从制度上留有补救的余地。二是明确基金内部财险和寿险账户间的融资支持。由于保险保障基金是按照不同险种征收的，如果风险没有影响到整个保险行业而只是影响某一个或几个险种的经营企业，基金管理机构可以安排基金内部各账户的借贷，但要为此支付相应的资金使用成本，如根据市场利率确定的利息。

最后，明确紧急外部融资渠道。一是向中央银行申请资金援助。保险保障基金是金融安全网中的一个有机组成部分，基金公司作为执行和运作机构可以向作为最后贷款人的中央银行申请处置保险业风险的紧急资金援助。类似的是，我国证券投资者保护基金也曾通过向中国人民银行申请再贷款，在短期内获得了对破产的证券公司进行风险处置所需的巨额资金。截至 2009 年 2 月底，证券投资者保护基金共承借再贷款 229 亿元。二是发行保险保障基金债券。鉴于保险保障基金由国家提供潜在担保，保险保障基金公司有国家信用的支持，一旦保险保障基金需要资金支持，也可考虑在政府财政的担保下，在专业评级机构和债券发行机构的辅助下，向大型机构投资者或社会公众定向或非定向发行保险保障基金债券，通过举债筹集风险处置资金。三是国家财政的直接资金支持。一旦最为严重的后果出现，即中央银行的最后贷款人资金支持和发行国家信用担保的保障基金债券，都无法满足风险处置需要，这个时候需要国家财政在行业危机时进行适当的资金投入，以增强社会公众的信心和维护保险保障基金制度的稳定。另外，在危机情况下，财政还可以通过一系列的财税优惠政策促进保险公司重组，推动保险公司恢复正常经营。需要说明的是，上述三种融资方式是否能够运用取决于中央银行或中央财政对于保险行业保障风险状况的判断，认定保险保障基金客观上无法满足风险处置需要，需要最后贷款人和财政部门支持时才能发挥作用，这一点在 2008 年美国金融危机条件下对 AIG 的救助中已经得到了验证。

2. 增强保险保障基金的相对独立性

目前，我国保险保障基金仅仅是单纯的付款箱，功能比较单一，除了监测保险业风险和提出处置建议外，并没有其他职能。"付款箱"功能的救助基金只负责事后"买单"，容易产生道德风险，使监管机构过于依赖基金进行事后救助，不利于激励相关监管机构强化事前和事中监管。这不仅削弱了行业监管的应有作用，而且可能导致基金的过度使用，甚至导致资金枯竭。而且，以美国为代表的一些国家的风险处置实践也充分证明，由保险监管机构选择接管人与清算人、保险保障基金只作为付款箱对保单持有人进行补偿的方式，容易导致比较严重的代理问题，降低保险公司的资产清收率，进而给保险保障基金带来较高的风险处置成本。在这种条件下，增强保险保障基金的相对独立性具有非常重要的意义。

从近期来看，可考虑侧重从业务方面着手增强保险保障基金的相对独立性。一是在风险监测方面，赋予保险保障基金更大的自主权。《保险保障基金管理办法》规定，中国保监会定期向保险保障基金公司提供保险公司财务、业务等经营管理信息；对于保监会认定存在风险隐患的保险公司，向保险保障基金公司提供该保险公司财务、业务等专项数据和资料。目前，建议赋予保险保障基金获取与保险公司风险状况相关信息的权力，保险保障基金有权自主认定存在风险隐患的保险公司，并对其开展重点风险的监测及进行风险预警。二是强化保险保障基金在确定与风险直接相关的差异化费率及征缴范围等方面的独立性。在增强风险监测自主权的同时，赋予保险保障基金公司研究风险费率的自主权，研究针对保险公司风险大小的基金征收方法和技术，以更充分和更直接地发挥保险保障基金的功能作用。在此基础上，具有向中国保监会和相关管理部门关于费率设定的建议权，并与保险监管部门共同研究保险公司不断推出的保险新产品的本质属性，确定是否将其纳入保险保障范畴。同时，保险保障基金应切实改进与基金征收有关的方法和技术。三是增强风险处置的自主权。《保险保障基金管理办法》规定，保险保障基金公司发现保险公司经营管理中出现可能危及保单持有人和保险行业的重大风险时，向中国保监会提出监管处置建议；中国保监会拟定风险处置方案和使用办法，经商有关部门后报国务院批准。事实上，行业监管机构主导了保险领域问题保险机构的风险处置。在这种条件下，可考虑在完善保险市场退出机制的同时，努力实现与《保险保障基金管理办法》的衔接，并强化保险保障基金在风险处置过程中的作用，最好明确由保险保障基金负责高风险保险公司的接管或清算工作，以提高风险处置效率，解决委托—代理问题。

3. 完善保险保障基金的治理和监管机制

保险保障基金作为保险行业的互助保险基金，需要真正形成代表行业利益的治理和监管机制。同时，由于保险行业保障风险构成了一国公共风险的一部分，其最终承担者都是政府，政府在建立保险保障基金制度后，需要切实改善保险保障基金的治理结构、强化对基金运作的监管等。加之保险公司缴纳的保险保障基金允许税前列支，因此，保险保障基金是在享受政府税收优惠政策基础上的形成的，带有"准公共财政"的特性。从这种意义上讲，保险保障基金制度本身内生了多维的治理和监督机制，保险保障基金具有多维治理和监管的本质属性：既有政府的监管，也有行业和社会的监督；既有法律的监管，也有行业的监督。因此，构建以法律法规为准绳，以政府监管为主导，以保险行业和社会监督为补充的多维监督管理机制，将是我国保险保障基金制度发展完善的保证。

（1）构建保险保障基金的多维治理和监管机制

我国保险保障基金的治理不只是某一个政府部门的事情，而是同时涉及到多个政府部门。多个政府部门监管是保险保障基金制度建设的内在需要。中国保监会作为保险行业监管的主体，对保险业经营管理、保险业的风险状况比较了解，因而对保险保障基金负有重要监管职责；由于保险保障基金公司的国有性质，其出资人代表必然是财政部门，同时保险保障基金公司的财务既受财政部的监督检查又需要国家财政政策的支持；保险保障基金在清算破产保险公司过程中出现资金不足时，可能需要作为最后贷款人的中国人民银行进行再贷款支持，因而中国人民银行需要了解掌握保险保障基金公司以及保险风险的有关处置情况，基金需要接受中国人民银行的监督；国家税务总局的参与，有利于保险保障基金征收范围、比率合理、有效和及时；国务院法制办的参与，有利于保险保障基金制度的建立健全和不断完善。当然，多个政府部门的监管不是权力的简单分配，更不是"政出多门"的多头管理，而是在各自的职责范围内明确分工，各司其职并相互配合，共同监督管理好保险保障基金，确保保险保障基金制度功能有效发挥。涉及保险保障基金的最重要决定权在国务院，这有利于防止保险保障基金制度的滥用，当然在执行时可能会产生一定的时滞。

按照《保险保障基金管理办法》规定，中国保监会依法对保险保障基金公司的业务和保险保障基金的筹集、管理、运作进行监管；财政部负责保险保障基金公司的国有资产管理和财务监督，保险保障基金公司预算、决算方案由保险保障基金公司董事会制定，报财政部审批；并按月向中国保监会、财政部、中国人民银行等有关部门报送保险保障基金筹集、运用、使用情况；以及按照有关规定，向中国保监会、财政部、中国人民银行等有关部门报送经审计的公司年度财务报告等。在现实中，政府各有关部门在建立保险保障基金制度后，要代表政府履行保险保障基金的治理和监管职责。针对目前保险保障基金制度中存在的潜在道德风险，应适应增强保险保障基金相对独立性的现实需要，对国务院领导下的以下主要政府机构的职能进行重点调整。一是中国保监会作为监管部门应由保险保障基金管理者逐步转变为监管者，从监管者角度对保险保障基金的运作进行监督。二是应强化实施风险救助相关责任主体如中国人民银行、财政部等在保险保障制度建设、基金治理和监管中的作用，实现潜在责任和实际监管权力的对等，做到责权利相统一。三是国务院法制办应在制度建设方面进一步发挥积极作用，积极听取中国保监会、中国人民银行、财政部、保险保障基金公司关于制度建设方面的建议，推动保险保障制度不断完善。同时，相关监管主体应完善各自的治理和监管技术，努力适应新的需要。另外，可考虑允许保险保障基金的管理机构充分吸纳专业人士，发挥专业人士对保险保障基金管理的作用，保证保险保障基金的运作和使用能够代表保险行业的意愿。

（2）建立保险保障基金制度的评价体系

建立保险保障基金制度评价体系，有利于保险保障基金制度的完善，有利于加强对保险保障基金的监管，有利于保险保障基金制度的有效运行。一般来看，评价体系包括以下方面的内容：一是评价的对象，谁作出评价——评价的主体，评价谁——评价的客体；二是评价的原则；三是评价的内容；四是评价的指标；五是评价结果的采用。

①评价对象。保险保障基金制度的评价对象包括主体和客体两个方面。就评价主体而言，首先，国务院法制办、保险监管部门和中国保险保障基金公司是保险保障基金制度体系的主要制定者，中国人民银行、财政部是实施风险救助的责任主体，这些评价主体通过保险保障基金制度的理论研究，具体的执行、实践与检验，对保险保障基金制度作出评价、提出修改、补充和完善的建议。其次，评价主体还包括社会公众、媒体、专家学者等群体。而评价客体是评价谁的问题，保险保障基金制度本身和保险公司执行保险保障基金制度的情况，构成了评价的客体。辩证地看，评价主客体是辩证的统一体，是一个事物的两个方面，相互补充、相互作用，共同推动和完善保险保障基金制度。

②评价原则。对任何事物的评价都应该遵循一定的标准或原则，对保险保障基金制度的评价也是如此。我国保险保障基金制度的评价应遵循以下原则：

第一，实践性原则。因为我国保险保障基金制度执行的时间不长，许多东西还没有先例可循，特别是在实践中还没有遇到保险公司破产倒闭的事件，因此，在借鉴其他国家（地区）经验的同时，还要注重我们国家的具体实践。

第二，客观性原则。就是对保险保障基金制度的评价要客观公正，不能只站在一方或用片面的观点来评价。如推行保险保障基金制度可能助长道德风险，但不能因此而不建立保险保障基金制度，而是要通过完善制度来杜绝这种行为的发生。

第三，健全性原则。就是要有利于保险保障基金制度的完善。

第四，合理性原则。就是要有利于保险保障基金制度执行的结果更合理。

第五，有效性原则。就是要确保保险保障基金制度执行的过程要及时，结果要有效。

③评价的内容。评价的内容主要是制度的执行情况，保险监管部门、保险保障基金公司和保险公司都参与了制度的执行，所以评价内容集中体现在如下方面：

第一，保险保障基金的征收。保险保障基金制度明确了财产保险公司、人寿保险公司等必须按照规定的险种、比例、时间等及时和足额缴纳保险保障基金，要通过检查评估保险公司是否遵守了有关规定。

第二，保险保障基金的管理。主要评价保险保障基金公司对所收取的所有保险保障基金的管理，体现在内控制度、财务管理、资金运用管理、风险管理、人事管理、决策程序等方面，检查评估其是否做到了依法、科学、合理、有效的管理，是否在资金运用上遵循了安全性、流动性和收益性等原则。

第三，保险保障基金的使用。这里主要是指保险保障基金应用于破产保险公司保单持有人的利益保护。要通过检查评估保险保障基金用于破产救济是否及时、救济金额计算是否准确、程序是否公开透明等。

④评价指标。保险保障基金制度的评估指标包括量化指标和定性指标两大类。目前，国内外对保险保障基金制度的评价指标体系研究几乎空白。本课题组认为，当前和今后一个时期，应研究制定保险公司风险因子指标，使其能准确地反映保险公司的风险状况。按照风险大的多征收，风险少的少征收或不征收的原则，完善保险保障基金费率制度。设计保险保障基金公司管理基金的绩效考核指标，如费用率指标、投资收益率指标，其投资收益率应该与同期的三年期定期存款利率（即在确保安全性、流动性的前提下）相等。此外，还包括在处理破产清算时，保险保障基金发挥作用的指标，如社会满意度指标、对保险业稳定发展的指标等。

⑤评价结果的采用。评价的目的不是为了评价而评价，而是要通过对制度的执行进行不断的实践、检查、评估，从而对制度本身、制度执行的效果等进行总结、修改与完善。因此，对于刚刚起步的我国保险保障基金制度，更需要不断地、及时地进行评估，从而使其更加完善、更加科学合理、更加有效，确保充分发挥保险保障基金制度的"安全网"和"稳定器"功能。

4. 建立与完善保险保障基金的风险监测与风险预警机制

在保险保障基金管理机构参与保险保障风险防范的问题上，一些国家为防止单一监管者在问题保险公司市场退出过程中有可能出现的"监管宽容"现象，赋予保险保障基金管理机构一定的监管权限，将其也引入问题保险公司的发现及处置进程之中，保险保障基金管理机构可以对行业内公司的风险状况进行定期监测，及时向存在问题的保险公司发出预警提示。从我国保险行业市场情况及监管体系的架构设计看，为避免监管机构在问题保险公司风险处置过程中对保险保障基金的不恰当运用，赋予保险保障基金管理机构对保险行业及业内公司运行风险的监测及预警职责是一种可行选择。在《保险保障基金管理办法》中就明确规定，保险保障基金公司具有监测保险业风险的职责，因此，为更好地发挥保险保障基金公司的风险监测职能，需要尽快建立与完善其履行职责必需的风险监测与风险预警机制。

（1）赋予保险保障基金公司在行业风险监测与风险预警方面的自主权

在目前的制度设计中，保险保障基金公司并不是监管机构，不具有对行业及保险公司的监管权限，因此，在现行保险市场监管体系下，保险保障基金公司有关保险行业及公司运行状况方面的文件和数据资料只能由监管部门转交，在这种模式下，保险保障基金公司缺乏行业与保险公司的第一手资料，并且由于其资料也是来源于监管机构，保险保障基金公司在行业风险监测方面不可能有超出监管部门之处，更谈不上及时发现保险行业的重大风险并向监管部门提出监管处置建议。因此，为了更好地发挥保险保障基金公司行业风险监测职能，需要赋予公司相应的权限，即保险保障基金公司可以对行业内公司的风险控制能力和经营状况进行定期和不定期的检查，可以要求行业内公司提供详尽的运营和业务数据及相应的文件资料，对于出现问题的公司，保险保障基金公司可以与行业监管机构一起提出整改措施，防止由于问题的积累而导致相应公司的财务危机。

（2）加大财政对保险保障基金公司风险监测及风险预警系统建设方面的支持力度

为提高保险保障基金公司开展行业风险监测及预警工作的及时性和有效性，需要建立有关风险监测及预警方面的计算机管理信息系统，从而一方面能够使保险保障基金公司及时获得相关行业数据及保险公司运营数据和相应文件资料；另一方面，也便于公司对获得的相关数据进行整理、分析，从而及时发现问题，并在调查核实的基础上向监管部门提交相应报告。这一系统建设与完善需要耗费大量人力、物力和财力，单纯依靠保险保障基金公司的力量是难以完成的，要在充分发挥保险保障基金公司主观能动性的基础上，进一步加大财政部门对公司相关系统建设的支持力度，帮助其尽快建立与完善功能完备、设计先进、切合保险保障基金公司实际情况的保险行业风险监测与风险预警系统。

（3）加强与行业监管部门的配合

未来即使赋予保险保障基金公司在风险监测及预警方面的监管权限，由于保险保障基金公司并非保险行业的主要监管机构，其对保险行业整体情况的把握和对保险公司运营数据的全面性把握及分析都可能与监管机构存在一定的差异，因此，保险保障基金公司为了更好地发挥其风险监测及风险预警职能，仍然需要加强与监管部门的合作，尤其是在认定行业重大风险的过程中，保险保障基金公司需要与监管部门密切配合，及时通报相关信息，把握问题公司的最新动态，并由监管部门对问题公司提出整改建议。

5. 丰富风险处置方式，提升风险处置的及时性与有效性

按照《保险保障基金管理办法》，动用保险保障基金参与问题保险公司的风险处置主要有两种情况：一是保险公司被依法撤销或者依法实施破产，其清算财产不足以偿付保单利益的；二是中国保监会经商有关部门认定，保险公司存在重大风险，可能严重危及社会公共利益和金融稳定的。在现实生活中，保险保障基金参与上述两种风险处置的过程都有多种风险处置方式可以选择，保险保障基金公司需要设置一定的标准及流程选择使用何种风险处置方式。

（1）各种风险处置方式选择及其利弊分析

在《保险保障基金管理办法》规定的第一种风险情况下，问题保险公司实际已经进入破产程序，此时保险保障基金能够使用的风险处置方式有三类：一是直接偿付相应的保单持有人；二是在实现保单责任的转移后，向承担公司提供一定的资金支持；三是促使其他保险公司对问题保险公司进行整体收购。

第一种方式适用于保障已发生索赔的保单持有人的利益，此时保险保障基金的责任较为单一，只要做好资金偿付工作即可，这种情况基金支出的资金量会较大。第二种方式适用于保障问题保险公司尚未到期保单持有人的利益，此时需要发挥保险保障基金的主观能动性，配合监管部门共同寻找愿意承接保单的公司，这种方式下基金仅需要向承担公司支付该批保单附加的责任准备金，对未到期保单持有人利益的保障程度也较高，如果操作得当，保单持有人的利益基本不受损害，但如果没有承担公司，最终基金直接向这些保单持有人进行偿付，则一方面基金支出量会大大增加，另一方面，保单持有人也只能得到80%～90%的受偿比例。因此，对于保单尚未到期的投保人，保险保障基金公司要尽可能寻求保单的延续，只有

当这样做不太可能时，才向投保人赔付其保单现金价值。第三种方式下，承担公司在接受破产公司全部受保障保单的同时，购买下破产公司全部或大部分资产，保险保障基金只需要向承担公司支付责任准备金与资产评估值之间的差额。这样做的优点在于对破产公司的财务结构中资产负债相匹配的部分给予肯定，避免了负债与资产分割处理造成的资产价值下跌过大的问题，减小了破产损失。整体购买方案使得整个破产进程因寻找买家、资产评估和谈判而变得缓慢，但该方案的优势在于使对保单持有人的保障程度和保险行业成本的节约程度都有所提高。

在《保险保障基金管理办法》规定的第二种风险情况下，问题保险公司并没有进入破产程序，保险保障基金的参与更多地带有预防性特征。此时，保险保障基金参与问题保险公司的风险处置方式主要有以下几种：一是向问题保险公司提供直接贷款；二是向问题保险公司提供信用担保；三是可以购买问题保险公司资产以解决公司流动性问题；四是向问题保险公司注入资本金；五是促使其他公司对问题保险公司的兼并等。

这五种风险处置方式中，前四种方式都是保险保障基金对问题保险公司提供直接资金支持，以帮助问题保险公司缓解财务困难，走出困境。这类风险处置方式对问题保险公司的支持更为直接和便利，能够迅速、有效地帮助问题保险公司走出困境，但这类方式会带来以下两类不利影响：一是会影响保险保障基金的独立性。因为保险保障基金的资金支持使基金管理机构在问题保险公司的恢复期间成为公司事实上的经营管理者，当存在对问题保险公司的股权投资情况时还会成为公司的股东，这使保险保障基金有从"裁判员"转变成"运动员"的嫌疑，其独立于行业内所有成员的地位也会受到质疑。因此，在问题保险公司恢复之后，保险保障基金要迅速实现撤出，以维护其应有的形象与行业地位。二是如果问题保险公司在保险保障基金直接资金支持之后仍然难以维持经营，那么，或者基金资产受到损失，增大行业内整体的破产成本，或者基金继续加大资金支持力度，形成问题保险公司对基金支持的路径依赖，这两种现象都会造成保险保障风险的积聚，影响基金资产的安全。因此，基金直接支持问题保险公司的方式要有几个前提：一是经过审慎评估，认定问题保险公司在获得资金支持之后能够恢复正常运转；二是要对问题保险公司进行重组，对问题保险公司的管理层进行更换；三是要事先制定及时、可行的基金退出方案。

第五种风险处置方式是对问题保险公司市场化救助的重要方式，在这种情况下，问题保险公司被其他公司整体接纳，成为兼并公司的分支机构，保险保障基金管理机构在其中起到的作用主要是"牵线搭桥"，帮助问题保险公司与有兼并意向公司尽快建立联系，商谈具体细节，并且在必要时可以向兼并公司提供"过桥贷款"等资金支持，使兼并顺利达成。兼并方式能够实现对保单持有人的完全保障，同时，保险保障基金只需要提供并购所需要的部分资金，还不会失去其超然独立性，但这种方式要求问题保险公司的财务状况尚可，并且有意向性公司愿意承担问题保险公司的部分损失，同时，即使这种方式可以操作，也需要延续较长时间。

（2）建立科学合理的风险处置方式选择标准及流程

《保险保障基金管理办法》中只规定何种情况下可以动用保险保障基金，资金的具体动用方式或者说保险保障基金参与保险风险处置的方式并没有加以明确，因此，保险保障基金管理机构在参与保障风险处置过程中，除了按照保险监管机构推荐的方式开展操作之外，还应该可以选择参与风险处置工作的具体方式。

保险保障基金管理机构选择风险处置方式时，需要坚持一定的标准，一般而言，这些标准应该包括：第一，能够最大程度维护保单持有人的利益，并且能够向保单持有人提供更便利的保障；第二，保险行业破产成本的最小化；第三，维持保险行业的稳定，提升公众信心；第四，维护保险市场正常的竞争秩序；第五，增强保险保障基金管理机构的相对独立性。

以上这些标准的最终目标指向可能是不一致的，有时甚至是互相矛盾的，这就需要保险保障基金管理机构根据保单持有人的利益情况、问题保险公司的风险大小、风险处置紧急与否等情况、行业内其他公司参与风险处置的意愿以及保险监管机构的态度等因素，在上述可能的风险处置方式之中进行对比分析，根据形势的发展相机抉择，尽可能采取成本最小、保障程度最高并且维护保险行业正常竞争秩序的方式开展问题保险公司风险处置工作。

同时，为实现保险保障基金管理公司参与问题保险公司风险处置工作的制度化，合理界定各方职责，应在事前明确其参与风险处置方式选择的合理流程。如果是保险保障基金公司发现问题公司，应在进一步核查相关数据及问题的基础上，及时向监管部门提供风险报告及处置建议和方案，监管部门收到相关报告后，要在合理期限内与保险保障基金公司进行协商，共同组织对问题保险公司的调查，核实相关问题后，监管机构与保险保障基金公司对基金参与问题公司风险处置方式进行协商确认，并按照《保险保障基金管理办法》的规定，由监管机构及时拟定风险处置方案和使用办法，会商有关部门后，报经国务院批准。如果是保险监管机构发现问题公司，应及时提示保险保障基金公司，并将相关数据及材料与保险保障基金公司共享，在共同核查相关事实的基础上，监管机构与保险保障基金公司参与问题公司风险处置的方式进行共同协商确认之后，由监管机构及时拟定风险处置方案和使用办法，会商有关部门后，报经国务院批准。

6. 加强保险保障基金的资产管理

我国实行的是事前征收的保险保障基金资金筹集方式，这种筹集方式下，暂且不管筹集费率的高低，仅从基金规模角度考察，在保险保障风险尚未发生之时，保险保障基金规模总会维持在一定水平，且在积累期内还会随着缴费的增加而扩大。当基金规模达到一定程度时，就需要不断加强对保险保障基金资产的资产管理，提高基金收益，壮大基金规模。

（1）基金资产管理要坚持"安全性、流动性、收益性"原则

保险保障基金最重要的作用在于为保单持有人提供救助，保险保障基金的资产管理要从属和服从于这一主要职能，由于保险保障基金属于行业统筹基金，基金资产由行业内所有公司共同拥有，基金资产管理的前提是要确保基金的本金不能缩水，因此，基金的资产管理一定要以安全性为首要目标；同时，由于保险保障风险的发生具有不确定性特征，保险保障基金的支出需求也带有不确定性，因此，基金的资产管理要坚持流动性的要求，投资于变现能力强的资产；最后，在坚持安全性、流动性的基础上，保险保障基金管理者发挥专业化能力，尽可能提高基金收益。

（2）以资产负债管理为指导，合理安排基金资产配置比例

为了保证保险保障基金本金的安全，保险保障基金管理者要加强基金的资产负债管理，全面分析保险保障基金的资产负债特征，首先要在客观分析中国保险行业风险状况的基础上，大体估算保险保障基金的未来潜在负债水平以及保险保障基金的大体支出情况，并且对基金资产规模状况及与潜在负债的差距有较为明确的认识，在此基础上，根据各类资产的风险—收益特征，合理安排基金资产在各类投资品种中的配置比例。

根据 2008 年修订的《保险保障基金管理办法》，保险保障基金的资金运用范围限于银行存款，买卖政府债券、中央银行票据、中央企业债券、中央级金融机构发行的金融债券等。

在这些资产类别之中，政府债券的信用水平最高，中央银行票据、银行存款次之，中央企业债券和中央级金融机构发行的金融债券信用水平最低，相应的投资风险也在逐渐加大，但收益水平则是一级级提高的；从流动性角度分析，银行活期存款的流动性最强，政府债券、中央银行票据次之，中央企业债券、中央级金融机构发行的金融债券的流动性较差，而银行定期存款的流动性则是以损失收益率为代价的。因此，保险保障基金的投资运作也要以政府债券、中央银行票据以及银行存款为主要资产类别，其中，要对银行存款进行合理分割，大体平均分成几部分，实现几部分存款之间期限的滚动配置。在此基础上，拿出部分资金适当投资于中央企业债券以及中央级金融机构发行的金融债券。

（3）合理扩大基金投资范围，提高基金投资收益

保险保障基金的资产管理虽然要坚持安全性的前提，但由于保险保障基金在一段时间内没有支出压力，应该具备一定的风险承受能力，因此，在资产管理过程中，可以允许将少量资产投资于风险较高的投资品种，如普通企业债券、资产证券化产品、货币市场基金、债券基金等。尤其是货币市场基金的风险较低，基金规模大，流动性强，不失为保险保障基金的合适投资品种。

同时，在明确基金投资范围时，将中央企业以及中央级金融机构发行的债券与其他企业和地方金融机构发行的债券加以区分，这种划分方式的

隐含假设是中央企业以及中央级金融机构的风险要小于其他企业以及地方性金融机构，这一假设并不是一直成立的，因此，以这种方式限定保险保障基金的投资范围并不合适，可以使用国际通行的以信用评级高低划分产品类别的方式，建议将保险保障基金的投资范围限定为信用评级在 AAA 级别以上的固定收益产品。

（4）引入专业投资管理机构，充分发挥委托资产管理的作用

委托专业投资管理机构开展投资运作是很多机构投资者的选择，在保险保障基金目前的架构下，使用这一方式不失为一种较为合适的选择，保险保障基金管理机构可以将银行存款之外的资产品种委托给基金管理公司等外部资产管理机构，或者是允许保险保障基金管理机构直接购买基金产品，从而借助基金经理的专业经验，降低投资风险，提高投资收益。

同时，在委托资产管理框架下，保险保障基金也要建立完善的外部管理人专家选择机制、投资风险监控体系和绩效评估体系，一方面，防范选择外部管理人过程中的潜在"道德风险"；另一方面，也可以在降低基金管理公司委托—代理风险的同时，促进受托公司不断提高投资收益。

（5）建立与完善托管银行制度，维护基金资产的安全性

在委托外部投资管理人开展相关投资业务之后，保险保障基金公司可以选择专业的托管银行作为托管人，一方面，负责对基金交易的资金清算和基金资产的会计核算工作，防止在资金清算及会计核算方面出现差错；另一方面，保险保障基金公司还可以委托托管银行对投资管理人投资运作的合规性进行监管，防止在委托资产管理投资运作过程中出现合规性风险，维护基金资产的安全性。

7. 适当发挥财政的支持作用

在我国保险保障基金规模偏小的情况下，财政应在发挥保险保障基金行业互助性质的前提下，给予适当的支持。首先，通过税收优惠政策支持基金筹集。一方面，继续实行现有保险公司缴纳保险保障基金所得税税前扣除的优惠政策；另一方面，为促进基金积累，建议考虑对保险保障基金的投资收益给予适当的税收优惠。其次，支持保险保障基金公司的运作，为加快风险监测及风险预警系统建设提供一定的资金支持。再次，在完善

财政应急反应机制的总体框架下，明确财政对保险保障基金的紧急支持措施。在中国人民银行的紧急流动性支持仍然不能满足风险处置需要的条件下，财政可考虑给予必要的应急支持措施。一是发行保险保障基金债券。可考虑在政府财政的担保下，在专业评级机构和债券发行机构的辅助下，向大型机构投资者或社会公众定向或非定向发行保险保障基金债券，通过举债筹集风险处置资金。二是国家财政的直接资金支持。一旦最为严重的后果出现，即中央银行的最后贷款人资金支持和发行国家信用担保的保障基金债券都无法满足风险处置需要，这个时候需要国家财政在行业危机时进行适当的资金投入，以增强社会公众信心和维护保险保障基金制度的稳定，同时还可以通过一系列的财税优惠政策促进保险公司重组，推动保险公司恢复正常经营。最后，强化财政在保险保障基金治理和监管中的作用。在保险保障基金制度内生决定其多维治理和监督机制中的条件下，应发挥财政在基金治理机制中的应有作用。尤其是在保险保障基金实行公司化运作的条件下，除保持现有的预算和财务管理职能外，更需要明确和强化财政作为施救责任主体在保险保障制度建设、基金治理和监管中的作用，实现潜在责任和实际监管权力的对等，做到责任权利相统一。

8. 加快保险保障基金制度与相关法规建设

健全保险保障基金制度是保障基金功能有效发挥的前提。当前，既要根据化解我国保险行业保障风险的客观需要，加快修改现行《保险保障基金管理办法》，不断完善我国保险保障基金制度，又要根据我国相关法律、法规的不足，加快与完善保险保障制度相关的配套制度建设。

（1）加快修改现行《保险保障基金管理办法》

从前述分析可知，尽管《保险保障基金管理办法》是 2008 年 9 月 11 日发布的，但仍然存在一些不足之处，难以满足化解我国保险行业保障风险的需要。以上关于强化保险保障基金筹措能力、增强保险保障基金的相对独立性、改善保险保障基金治理机制、建立与完善保险保障基金的风险监测与风险预警机制、丰富风险处置方式、加强保险保障基金的投资管理等，都需要通过进一步修改现行《保险保障基金管理办法》来实现。

（2）制定保险保障基金参与保险公司接管、破产清算等一系列具体规定在美国，保险保障基金制度既有原则性的规定，又有详细而且非常具有可操作性的具体规定。如美国保险监督官协会制定了《保险机构重组和清算示范法》（*Insurers Rehabilitation and Liquidation Model Act*），有的州制定了《统一保险机构清算法》（*Uniform Insurers Liquidation Act*）。两部法律都详细规定了保险公司的接管、破产清算等细节与流程，并成为保险监管部门分析接管过程中有关法律问题的基础。另外，为了更好地指导监管部门对偿付能力有问题的保险公司的接管，美国制定了《保险公司接管手册》（*Receivers Handbook for Insurance Company Insolvencies*）。该手册内容非常详细，可以说是指导保险监管部门或者其他组织处理保险机构接管、破产清算的法律手册。在保险保障基金制度规范上，美国的经验为我国提供了借鉴和参考。

尽管在20世纪90年代后期，中国人民银行曾经对西安永安财产保险股份有限公司进行过接管，鉴于当时的监管条件和法律法规不健全，加之无法获悉接管的有关信息，可以说是一次无章可循的"盲人摸象"。目前，无论是我国的《保险法》还是《保险保障基金管理办法》，只对保险保障基金的管理作出了原则性规定。在这些原则性规定的背后，需要制定出更加详细、具体和可操作性的制度，才能约束人为的主观随意性，减少保险保障基金可能产生的损失。俗话说，"魔鬼存在于细节之中"，当然，"天使也存在于细节之中"。因此，加快建立健全我国保险监管部门对保险机构的接管、破产清算以及保险保障基金参与其中的具体、详细的法律规定，就显得非常重要、必要和紧迫。

（3）出台与我国《企业破产法》相衔接的保险机构破产清算相关具体规定

应该说，《企业破产法》是处理所有企业破产倒闭的基本法。但是，由于保险公司有别于其他企业，社会大众对保险理赔、给付等专业知识缺乏，对诸如现金价值、准备金等的计算不甚了解，政府对其监管以及保险公司对社会的影响程度远远大于一般的工商企业等原因，世界各国政府都对保险公司的破产采取特别处理的方式，特别规定了如何运用保险精算技术计算破产保险公司被保险人利益的内容，这一方面的内容在我国要尽快作出规定。

案例一　美、日保险保障基金作用的比较分析

下面我们通过两个实例来研究保险保障基金的作用，本文的实证分析将主要选取美国和日本的案例，同时简要分析了两个国家保险公司破产的状况与原因。美国的保险保障基金在处理 ELIC 和 MBL 两个公司破产中的作用以及日本投保人保护机构在处理日产生命保险公司破产过程中的作用；并对美国和日本处理方式的差异进行了分析。

（一）美国保险保障基金与保险公司破产的处理

当保险公司被认为存在严重的财务危机时，美国各州保险署有权干预保险公司的业务活动。根据财务危机的严重程度，监管人员将极力维护保险公司的偿付能力。他们既可以对保险公司进行整顿，也可以采取积极的监控措施。对困境中的保险公司进行拍卖或兼并时，通常由监管人员出面协调以避免市场混乱。对那些需要采取监管行动的保险公司，它们的问题从未向公众公开过，因为这些问题在必须采取更加严厉的措施之前就被解决了。如果这些挽救措施没有产生效果，监管人员可以对保险公司进行清算，出卖其资产并处理保单持有人的索赔。这些资产有可能在它们到期之前就必须变卖，这会造成很大损失。为了防止这种缺陷，各州建立了保险保障基金以补偿保单持有人的损失。但这种补偿不能超过事先规定的一个最高上限。

1. 美国保险公司破产状况及原因

美国保险市场上有保险公司 5 000 多家，自从 20 世纪 90 年代以来，每年都有 0.5% ~ 2% 的公司宣告破产。例如，1992 年，美国总计有 91 家保险公司经营失败，其中产险公司 59 家，寿险公司 32 家。相对于美国众多的保险公司来说，其所占的比率相当小，对整个市场的影响也是可以忽略不计的。附表 1 给出了 1969—1998 年美国保险公司破产的主要原因。

附表 1　　　　　1969—1998 年美国保险公司破产的主要原因

主要原因	财产/意外险		寿险/健康险	
	数目（家）	占比（%）	数目（家）	占比（%）
损失准备金不足	86	28		
定价过低/盈余不足			47	23

主要原因	财产/意外险		寿险/健康险	
	数目（家）	占比（%）	数目（家）	占比（%）
业务增长过快	64	21	41	20
加盟问题			40	19
欺诈行为	30	10	16	8
资产数量夸大	30	10	37	18
企业重大变化	26	9	15	7
再保险安排失败	21	7	5	2
巨灾损失	17	96		
其他	28	100	6	3
合计	302		207	100
原因未明	70		83	
总计	372		290	

资料来源：裴光. 中国保险业监管研究［M］. 中国金融出版社，1999.

2. 美国保险公司偿付能力监管步骤

若保险公司在监管部门常规检查中 11 个指标中有 4 个或以上的指标没有通过，公司需接受特别的审计并且财务数据由年报改为季报。如果公司情况没有改善，监管者将命令公司采取提高资产负债比率、增加资本金、重组投资或者其他纠正措施。为了防止"银行挤兑"现象的发生，这些挽救措施都不会对外公开。如果公司情况继续恶化，下一步就将进入整顿程序。在这一步骤中，州监管行为开始公开化。可能包括停止索赔，暂停对公司的法律诉讼，寻求合并对象以增加资本来源。最后的措施是让公司进入清偿程序。在这个过程中，州保险局或其指定的代理人充当清偿者。清偿者的任务是卖出公司的资产并处理相关的索赔，同时通知州保险保障基金。保险公司的清偿不受联邦破产法令的管束，而是根据各州的清偿法律各个不同。

美国每个州都有法律规定何时启动保险保障基金。一般来说包括一份最终的清偿命令或者一份公司破产的法律宣判。

3. 保险公司破产处理案例分析及保险保障基金在其中的作用

在此选择 ELIC（Executive Life Insurance Company）和 MBL（Mutual

Benefit Life Insurance Company) 两家寿险公司来研究美国寿险公司的破产处理对策及保险保障基金在这种过程中的作用。ELIC 的破产处理对策在美国是典型的案例；而 MBL 的破产处理对策是特殊的案例，因为破产公司没人购买，只好合并到其子公司并建立了一个新公司。

1991 年，美国有 6 家大型的保险公司破产。除了 MBL 以外，其他保险公司都在 1990 年经历了资产的缩水或者保费收入的下降。ELIC 自从 1986 年以来保费收入就呈负增长。

（1）ELIC 的重建工程计划

ELIC 在加利福尼亚州，20 世纪 70 至 80 年代出售了许多一次性的支付定期年金，1986 年出售了地方公共团体发行的公债 Muni – GIC（Municipal Bond Guaranteed Investment Contract）等高收益率保险商品，另一方面为保证其高收益率也进行了垃圾债券投资。一般的企业只有总资产 6% 左右的垃圾债券，而 ELIC 破产时垃圾债券占资产总额的 64%。90 年代垃圾债券的跌落导致 ELIC 负债累累，与此同时退保人越来越多。1991 年 4 月，加利福尼亚监督局得到法院的认可以后开始管理 ELIC，停止了退保、投保人贷款等一部分业务，确认负责给付 100% 的死亡保险金和 70% 的养老金。同时，加利福尼亚监督局开始寻求买主以保障投保人的利益。

ELIC 的重建工程计划从 1993 年 9 月开始实施，实施期限 5 年。重建工程计划得到了保险监督机关、全美人寿保险保证协会（National Organization of Life and Health Insurance Guaranty Associations）以及各州保险保障基金会的认可而实施。ELIC 的不良资产由一家法国银行 Altus Finance, S. A. 以 32.5 亿美元购买，其余的资产和保险合同由另外一家法国公司 MAAF Group 购买。MAAF Group 同意建立一个名为 AN（Aurora National Life Assurance Company）的保险公司承接 ELIC 的保单。

投保人有权选择是否参加公司重建工程计划，如果不参加重建工程计划，则要扣除高额退保金，因此有 92% 的投保人参加了重建工程计划。不参加公司重建工程计划的退保人只能得到 GIC 合同金额的 70% 至 86%。参加重建工程计划的投保人的保险保障金额 100% 由各保险保障基金会给付给 AN 寿险公司，但投保人的责任准备金超过了保险保障基金会的保证限度时，其超额部分由 AN 寿险公司支付。

在 5 年的重建期间，AN 寿险公司可以按以下程序从保险保障基金会获得给付金：AN 寿险公司把向投保人支付的保险金等全部金额报告到保险保障基金会。根据这个报告，各州的保险保障基金会向在相关州进行营业的各寿险公司收取援助金，再把援助金支付给 AN 保险公司。5 年以后，保险保障基金会把剩余的责任准备金全部支付给 AN 寿险公司。

（2）MBL 寿险公司的重建工程计划

MBL 破产的直接原因是退保和投保人贷款所带来的资金流失。其背景原因是：80 年代出售了许多高收益率的保险商品，为了保证高收益率进行了不动产和抵押的投资。随着房地产价格跌落，资金运转陷入困境，这一经营状况公开后造成了大量的资金流失。为了防止进一步的资金流失，MBL 向新泽西州保险机关提出了申请，保险机关开始管理 MBL 寿险公司，停办了退保和投保人贷款等业务，但保险金和养老金业务继续进行。

重建工程计划从 1993 年 4 月开始，持续 7 年时间。团体保险、健康保险等一部分业务被卖掉，但剩余的个人保险及养老保险迟迟没有买主。因此，MBL 被合并到子公司 MBLLAC。不属于保险保障基金保障范围的 GIC 是由 14 个大公司组成的 IAG 以再保险的形式救济的。对 GIC 提供援助是因为 IAG 中的大寿险公司也经营 GIC，即使一家寿险公司破产了，也必须保证 GIC 的经营正常化，以便给 GIC 投保人一种安全感。

MBL 公司投保人的处境与 ELIC 公司的差不多，参加重建工程计划的投保人与不参加重建工程计划的投保人待遇是不同的。参加重建工程计划的投保人占全体的 93.81%，他们的保险金和养老金可以得到 100% 的保障。除了减少保险商品数量以外，对投保人的责任准备金保证最低年保险费率为 3.5%，而在重建期间没有退保和投保人贷款的合同，保证最低年保险费率为 5%；同时，破产后作为保险费支出的一部分，投保人可以申请贷款。但如果解除合同则与 ELIC 公司的解决方法是相同的，退保金将递减式地减少。

在 7 年的重建期间，MBLLAC 每年把支付给投保人的保险金额向保险保障基金会汇报。根据这个报告向州内的各寿险公司收取援助金，但是保险保障基金会将援助金的一部分以 MBLLAC 名义开设银行账户并存款。当保险金不足时，MBLLAC 可以从委托人银行账户中取出一部分储金。7 年以后当 MBLLAC 的资本恢复到一定程度时，银行账户的余额将通过各个保险保障基金会返还给各寿险公司。但是如果重建工程计划结束时还没有填补资产亏损的情况下，就要动用保险保障基金填补亏损部分。开设委托人账户是因为估计到随着不动产市场的恢复可以取消资产的缺损部分。MBLLAC 公司针对破产的原因作出了随机应变的处理对策，因此其破产处理对策被视为特殊的处理对策。

可见，在处理保险公司破产案件中，保险保障基金发挥了积极的补偿后备作用。根据情况的不同，保险保障基金通过不同的方式发挥作用。

（二）日本投保人保护机构与保险公司破产的处理

1. 保险公司的频频破产

自 1997 年日产生命保险公司破产以来，日本寿险业不倒的神话就此打破。其后，倒闭的保险公司接踵而至。1999 年 6 月东邦生命，2000 年 5 月第百生命，2000 年 8 月大正生命，2000 年 10 月千代田生命（排名 12）与协荣生命（排名 11）纷纷破产退出，具体见附表 2。

附表 2　　　　日本 1997—2000 年倒闭保险公司一览表

公司名字	成立时间	倒闭时间	破产前总资产（亿日元）
日产生命	1909	1997.04	21 674
东邦生命	1898	1999.06	28 046
第百生命	1914	2000.05	17 217
大正生命	1913	2000.08	2 044
千代田生命	1904	2000.10	35 019
协荣生命	—	2000.10	—

资料来源：根据国研网资料整理。

2. 日本保险公司破产原因分析

日本保险公司的频频破产，表面来看与保险公司忽略风险管理有关，其深层次的原因还在于宏观体制。

（1）泡沫经济的影响产生的巨额利差损与投资失败是破产的主要原因。

　　日本保险业在经营中存在明显的产品结构老化问题，保险产品以固定利率的储蓄型产品为主，而新型的投资型产品所占的市场比重不到10%。相比之下，美、英等国保险市场上投资型产品所占的市场比重一般都在40%以上。保险公司在80年代业务高速增长时期，销售了大量高预定利率的保单，寿险公司的有效保单的平均预定利率最高时曾达到6%，1999年度决算时降至平均4%的水平。泡沫经济破灭后，日本政府为了扩大内需、刺激消费，实行了超低利率政策。由于日本长期实行零利率政策，日本16家寿险公司合计的利差损总额在1995年达1兆600亿日元，1996年达1兆4 200亿日元，1997年达1兆4 800亿日元，1998年（15家合计）达1兆6 000亿日元。其中，寿险业界龙头——日本生命的利差损额为3 600亿日元，第二位的第一生命也有2 400亿日元。

　　另一方面，从20世纪50～80年代，日本保险企业投资于有价证券的比例都没有超过40%，但在日本经济泡沫最严重的80年代末和90年代初，这一比例却突破40%，甚至在1996年达到了50%。伴随着日本经济的低迷，在利率不断下降的过程中，日本证券市场的泡沫也在不断破灭。日经指数的不断下跌又使得日本保险公司重仓持有大量股票资产不断贬值。这样也从一个方面最终引发了像日产生命、东邦生命、第百生命等这样的企业经营难以为继的局面。寿险公司在泡沫经济时期出于投机目的，到处购地建楼，有些项目不仅规模大而且豪华，在日本地产界屈指可数。当经济泡沫破灭后，落成的楼宇出租率低甚至租不出去，在建项目停工下马，加上房地产价格一跌再跌，使大量的投资不但无回报，而且还得支付银行的利息和各项管理费用，从而形成大量的不良资产。另外，除了直接投入外还将大量资金贷给不动产开发商，在同一经济环境下又形成大量的不良贷款。截至1998年财政年度底，19家主要和次一级的日本寿险公司有问题贷款共计达32 411亿日元，这一数额是利差损总额的两倍还多。

　　（2）日本保险业破产的体制原因

　　从表面来看，日本保险业的危机是由于日本自90年代以来的经济持续低迷。从深层次来看，日本保险业自身在发展过程中过多依赖于政府对市场的保护，自身缺少富有竞争优势的组织管理体制，缺少符合市场经济运行规律和对经营透明度要求的组织框架；日本经济制度本身历史形成的"管理经济模式"（政府主导型经济）也在很大程度上导致了日本保险业对政府市场保护的依赖，缺少一个组织和制度创新的机制。因而，当日本政府决定实行"Big Bang"的金融改革政策以后，受过过多保护的日本保险企业在与欧美保险公司同场竞技时，显得有些力不从心。保险企业破产的噩耗不绝于耳。

3. 日本投保人保护机构处理保险公司破产的方式

在保险公司将要陷入经营危机时，保险监督局一般按照以下程序着手处理：不公开地研究制定和调整经营失败公司投保人的救济计划；内阁总理大臣发布命令进行处分、停业、指派整顿组织；整顿组织不公开地制定计划后付诸实施；由投保人保护机构对救济公司实施资金援助；向接受转移公司进行保险合同的全部转移。

投保人保护机构不能主动承揽新契约。根据《保险业法》第259条的规定，机构的目的在于以下述业务方式来保护投保人的利益，并维持大众对保险业的信赖。一家保险公司破产后，对救援公司进行资金上的援助，使救援公司能够顺利进行援助。或者在救援公司未出现之前，机构承接破产公司的所有契约，业务方式如附图1所示。

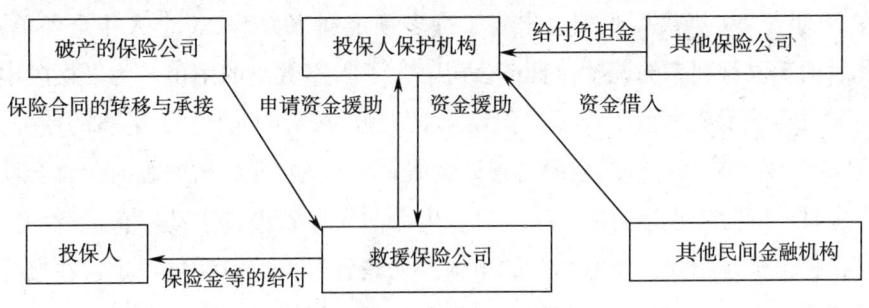

附图1　有救援公司的情况

上述业务方式，其意义主要在于维持投保人的利益与保险公司的大数法则。

维持投保人的利益。对于投保人（特别是寿险）而言，保障的维持，远比解约后领取保险公司内部的保费责任准备金更为重要。消费者如果解

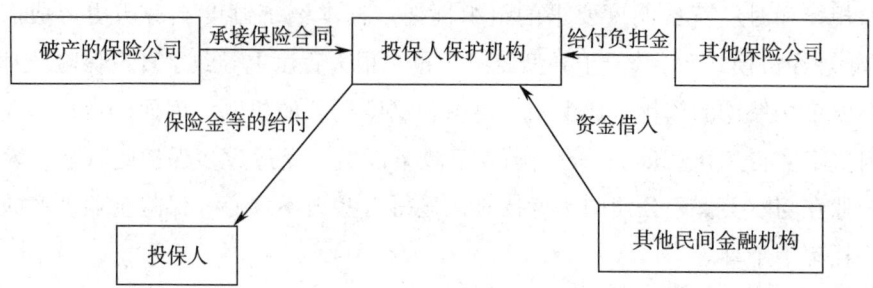

附图 2 无救援公司的情况

约，则由于年龄已经太大或者健康状况不佳，无法重新购买保险合同获得
必要的保障。因此，保护机构的目的在于合同的转移能够顺利进行。

维持保险公司的大数法则。保险公司发生财务危机时，虽必须考虑个
人的解约自由，允许想要解约的投保人可以解约，但同时必须考虑到解约
后，保险公司无法满足大数法则的运作。因此需要投保人保护机构来维持
或管理破产公司的保险合同，以避免消费者的信心动摇，产生大量解约现
象导致保户流失，影响对保险公司的救助工作。

4. 日产生命破产的处理实例

日产生命的总资产为 2 兆 609 亿日元，居日本寿险业第 16 位。该公司
在 20 世纪 80 年代后半期，出售了许多预定利率为 5.5% 个人年金保单。
此后由于银行利率的调整，日产公司陷入了入不敷出的困境。为了摆脱困
境，又经营了金融衍生产品，但结果又失败了，而且产生了更多的债务。
到 1997 年 3 月底，日产生命已累计负债 3 029 亿日元，因而临时监督会议
作出日产寿险停止运行的决策。日产生命向大藏省报告主动停止运行的同
时，提出了运用保险保障基金的申请。大藏省根据保险法的规定，在接受
日产生命申请的同时，令其停止退保和投保人贷款等业务。此后，财政大
臣根据寿险协会选派公司新管理人员的要求，明确提出：满期保险金、养
老金、死亡保险金、医疗保险金等根据保险法规定照常开展业务。

根据寿险协会正式发表的处理对策，日产寿险将被合并到寿险业界共
同合办的股份公司，并命名为青叶寿险公司。青叶寿险公司由生命保险协
会 100% 出资，作为日产生命破产后合约的承接公司。青叶寿险公司接受

保险保障基金 2 000 亿日元，不足的 1 000 亿日元将分 5 年进行填补。青叶寿险公司的目的是维持保单，而不能做新业务。在合同条件方面作出降低保险金额、调整保险费率、降低退保金等规定，从而给投保人增加了负担。在一个月提出异议期间，只有 4 211 人（占全部投保人的 0.38%）提出了反对意见，但由于不到全部投保人的 10%，破产处理对策被确定为如下内容：首先，青叶寿险公司由投保人保护机构出资设立。机构的资金由寿险协会各寿险公司分担筹措。寿险业界只具有对青叶寿险公司的经营责任，而不负法律责任。其次，3 000 亿日元的债务中，2 000 亿日元（包括分担金额 10 亿日元）要由保险保障基金会援助，剩余的 1 000 亿日元作为空头资金，用 5 年的收益偿还。

投保人的保险合同条件发生了大幅的变更，保险费率下调到 2.75%，而且终身年金、养老保险金和到期保险金的支付额都减少了。在退保的情况下，继续延用早期制定的扣除制度，使退保金在 7 年间递减。1997 年退保人可以拿到的退保金在已减少的基础上再减少 15%。为了改善青叶寿险公司的经营状况，除了把保险费率下调以外，还减少投保人退保的诱因，从而达到了维持和改善青叶寿险公司经营状况的目的。

（三）美日破产保险公司处理方式的比较分析

1. 共同点

保险保障基金都在保险公司的破产处理中发挥了其应有的效用。或者通过对合并保险公司提供融资，或者直接承接破产保险公司的保单。解除合同时日产生命、ELIC 和 MBL 都采取递减退保费手段。采用这种罚款手段，在破产后主要是为了抑制投保人退保，另一方面又可以把这种罚款当作一种收益。这是使合并破产公司的新公司的经营状况得到改善的有效手段。

2. 不同点

（1）投保人的处境不同

在日本，根据寿险协会的破产处理对策，所有的保险合同自动转移到合并公司。但在美国投保人是否参加重建工程计划可以自己选择，美国的破产处理对策比日本的更有灵活性。

（2）保险管理机构的处置权力不同

在美国的处理过程中，采取自由竞争的原则。在美国，保险机关有自由决定权，当保险机关决定要卖掉破产公司时，就会招标出售，提出最有利提案的公司可以成为救济公司。总的来说，日本的保险管理机构没有像美国那样对破产公司的自由决定权，仅仅是在大藏省的引导下制定处理对策。从日产生命破产之时起，大藏省要求通过合并方式设立新公司，根据此要求寿险协会作出了一系列破产处理对策。同时，日本政府的政策明显倾向于拯救银行而忽略保险业的经营困难。在近 10 年的日本经济低迷时期，日本中央银行曾动用公共基金，注资银行体系，协助银行清理庞大的坏账。然而，对于保险业，则没有注资相助。这种以银行优先的政策，反映了日本政府的传统思维，认为银行倒闭会引发连锁反应，保险业则不会。日本政府的这种偏袒金融政策使得某些资本投入不足的保险公司破产时少了一道屏障。当金融机构出现困难时，日本政府采取的是拯救银行而放弃保险的政策。1998 年，日本国会批准了总额达 60 万亿日元的银行保护协议，其中有 25 万亿日元专门划拨保护储户存款。但日本从未通过一项旨在保护保险业者的类似动议。

（3）破产处理对策和重建工程计划的拟定程序不同

在日本，是由寿险协会拟订破产处理对策，由大藏省即保险公司的监督机关给予认可。在美国是由保险机关和国家人寿与健康保险保障协会组织（NOLHGA）一起拟订重建工程计划，由第三者法院给予认可。而且在重建工程计划的拟订过程中外部法律顾问等作为第三者可以检验重建工程计划，召开意见听证会使投保人也有发言的机会。因此，MBL 针对自身的破产状况提出了很特别的重建工程计划，但为此花费了两年的时间，这可以说是一个缺点。

（4）新公司的资金筹措方法不同

日产生命破产以后，由保险保障基金向青叶寿险公司提供了 2 000 亿日元的援助，但各个寿险公司采取了通过银行系统在 10 年内分期付款的形式，而 ELIC 公司和 MBL 公司则利用重建期间由保险保障基金完成了分期付款。在破产以后，ELIC 公司和日产生命都明确了保险保障基金应该给付的金额，对全部投保人的保险金一次性给付是不可能的，因此可以通过分期付款的形式完成，这是减轻各寿险公司负担的合理方法。另外，MBL 公司的重建工程计划预想着将来房地产价格上涨，从而可以减少保险保障基金的负担额，是抱着这种期望而实施的。MBLLAC 每年从保险保障基金以该公司的名义开设的银行账户中提取储金来补偿保险金的不足部分，这样不仅可以减轻救济公司的负担，而且是针对 MBL 公司破产原因的有效救济方法。但在重建工程计划实施期间，MBLLAC 要承担不动产价格跌落的风险。如果资金援助以分期付款的形式进行，那么合并公司与救济公司在重建工程计划实施过程中要负债运营。青叶寿险公司把破产公司的合同全部接过来，然后由保险保障基金一次性地补偿债务，这种做法比起 ELIC 公司和 MBL 公司的重建工程计划缺乏安全性。

（5）处理效率的不同

评价效率首先看投保人保障的连续性。美国案例中每个受到保障的投保人都有权选择将保单转移至另一家保险公司还是由保险保障基金对于保障范围内的部分给予补偿。而日本的处理虽然保证了连续性，却忽略了灵活性。

评价效率的标准除了投保人保障的连续性以外，还包括对投保人在财务上获得保障的程度。美国投保人受到的保障程度受到州法律限制，在最近的破产案例中，超过 90% 的投保人的保障得到了全部实现。日本同样如此。

最后一个评价标准是处理破产事务的速度。快速的处理既有利于投保人的利益，也有利于资助的保险公司。美国国家人寿与健康保险保障协会组织（NOLHGA）在处理保险公司破产问题方面积累了丰富的经验，而且其处理速度还在不断地提高。90 年代初期，整顿一家破产保险公司的时间大约要两年半，90 年代末期，只需要一年时间。转移破产公司保单的时间也从几年减至几个月。而相比之下日本的处理速度却慢得多。首先是因为日本投保人保护机构的基金太少，以至于其对于破产保险公司的处理不得不延误。其次是因为日本国内保险公司自身条件都不好，不愿意承接类似的保单加重自己的负担。最后日本在处理过程中缺少竞争因素，一般由政府进行引导或直接干预。而这种引导或干预导致接收条件对解救保险公司往往不公平，增加了谈判时间。

案例二　美国财政部和美联储救助美国国际集团

美国国际集团（AIG）成立于 1919 年，是美国最大的商业保险提供商、最大的寿险公司之一，业务遍及全球 130 多个国家和地区，鼎盛时期资产达 1 万亿美元，2008 年《财富》500 强排行榜中排名第 35 位。AIG 在全球各地的退休金管理服务、金融服务及资产管理业务也位居世界前列。自 2007 年第四季度起，因过度参与按揭贷款及相关信用衍生品市场交易，AIG 财务状况恶化，2008 年 9 月 AIG 陷入破产边缘。其后，美国财政部和美联储先后多次采取措施救助 AIG。

（一）美国财政部和美联储救助 AIG 的理由

AIG 不仅拥有美国和世界上最大的保险公司，而且与社会各界具有广泛的联系，例如，美国州政府和地方政府实体机构借给 AIG 100 多亿美元的资金；参加 401（K）计划的工薪阶层从 AIG 购买了价值 400 亿美元的保险合同；AIG 牵涉到全球银行系统的方方面面，它的交易对手涉及高盛、法国兴业银行等巨型金融机构，它们之间的交易合约高达 500 亿美元；货币市场互助基金大约持有 AIG 200 多亿美元的商业票据，等等，如果 AIG 破产，上述机构和个人都会遭受巨大损失，本已明显脆弱的金融市场会进一步动荡并导致借款成本大幅升高、家庭财富削减并且经济出现实质性疲软。

另一方面，AIG 虽然濒于破产边缘，但其产生巨额债务的主要原因是其金融产品部门 AIG – FP 大规模介入信用违约掉期（CDS）业务所致，其拥有的未到期合约超过 1 900 亿美元，在次贷危机爆发后，该合约的全部市场价值仅剩余不到 4 亿美元，从而导致巨额亏损。实际上，AIG 其他大量附属公司并没有出现明显的经营困难，风险控制情况也基本合理，如果通过救助解决了 AIG 承担的需要立即支付的巨额债务，帮助 AIG 渡过支付难关，AIG 就可以在维持经营的同时，通过机构重组，出售一些经营状况良好的附属公司等优质资产偿还债务。

（二）美国财政部和美联储救助 AIG 的具体实施方案

鉴于以上原因，美国政府通过财政部和美联储先后四次向 AIG 提供救助资金。

第一次救助计划出台于 2008 年 9 月 16 日，美联储宣布向 AIG 提供贷款救助，帮助 AIG 摆脱受金融危机影响而面临的破产危机。得到美国财政部全力支持的美联储批准纽约联邦储备银行向 AIG 提供最多 850 亿美元贷款，这笔担保贷款附带旨在保护美国政府和纳税人的条款。此次流动性融通的目的是帮助 AIG 履行即将到期的债务。美联储认为，上述信贷安排将保护纳税人利益，其向美国国际集团提供的贷款将由美国国际集团及其主要子公司的所有资产担保，偿还贷款的所有资金将来自于出售美国国际集团的资产。美国政府将获得美国国际集团 79.9% 的股份，并有权否决对普通股和优先股股东的派息决定。

2008 年 10 月，美国政府又一次出手，推出了附加性救助计划，主要方案是由美联储向 AIG 提供 378 亿美元商业票据融资计划。

2008 年 11 月，美国政府第三次推出了对 AIG 的援助计划，这次援助计划对此前分两次推出的救助计划进行了重新修正，具体内容包括一揽子方案，其中，美国财政部将直接向 AIG 购买价值 400 亿美元的非累积性高级优先股，优先股股息确认为每年 10%；美联储将原本给予 AIG 的 850 亿美元两年期贷款额度调整成为 600 亿美元的五年期贷款额度，同时下调 AIG 承担的贷款利率 550 个基点。此外，美联储还授权纽约联邦储备银行向 AIG 购买不良资产，其中纽约联邦储备银行新成立一家有限责任公司并贷款至多 225 亿美元用于从 AIG 购买抵押贷款证券，另外成立一家有限责任公司并贷款至多 300 亿美元用于购买 AIG 金融产品部门所提供信贷违约掉期（CDS）合约保障的各种债权抵押证券（CDO）。

经过多次救助，AIG 在 2008 年第四季度仍然出现严重亏损，为此，美国政府在 2009 年 3 月通过了新的救助方案，根据这项救助方案，美国政府将向 AIG 提供 298 亿美元的信贷资金额度，这笔款项将从财政部 7 000 亿美元问题资产救助计划（TARP）中划拨。

总之，为了救助 AIG，美国政府通过财政部与美联储的联手，先后四次共为 AIG 提供了 1 823 亿美元的救助资金，帮助 AIG 公司渡过了支付难关。

（三）有关 AIG 救助行动的新动态

美联储大规模救助 AIG 基本达到了预定目的，但美国财政部和美联储高调介入一家私营保险公司的举动也引发了一些外界批评，批评意见主要集中在救助资金的使用方面，美国国会的批评人士指责称，在 2008 年 9 月援助行动期间，由盖特纳领导的纽约联邦储备银行试图阻碍对救助决定进行审查的努力，并掩盖了其向各大银行支付巨额资金的情况。因为 AIG 接受政府援助后，导致 AIG 大幅亏损的信用违约掉期产品（CDS）的交易对手方得到了全额退赔，没有承担任何损失，国会批评人士认为，为体现风险共担原则，纽约联邦储备银行本应该要求这些交易对手方打个折扣。

面临着国会和公众越来越多的批评和质疑，美联储主席伯南克于 2010 年 1 月 19 日表示，美联储欢迎国会对其在救助 AIG 中扮演的角色进行"全面审查"，并将为此提供所需的各种文件和人员信息。

从目前看，美联储为救助 AIG 而购买的一些资产因市场回暖而可能会获得投资收益。这些资产主要是由纽约联邦储备银行为终止 AIG 持有的信用违约掉期产品头寸而购买的相应合约的债权抵押证券（CDO）。在美联储当初买入时，这些 CDO 的面值为 621 亿美元，市场价值估计为 296 亿美元，随着信贷市场复苏和息差收窄，这些 CDO 的市场价值估计至少有 450 亿美元，但由于这些资产的流动性不佳，出售这些 CDO 会很困难。

另一方面，AIG 也一直在努力通过出售一些优质资产回收资金以归还美国财政部和美联储的救助资金。2010 年 3 月 2 日，AIG 将其亚洲的子公司友邦保险以 355 亿美元的价格出售给英国保诚集团。2010 年 3 月 8 日，AIG 又将旗下经营非美国本土寿险业务的美国人寿（Alico）以 155 亿美元现金加证券的形式出售给本国竞争对手——美国大都会保险公司（MetLife）。上述两个公司是 AIG 的核心业务，其中拥有近百年历史的友邦保险被视为 AIG 亚洲业务"皇冠上的明珠"，美国人寿则是过去 70 多年里 AIG 海外成功的基石之一。目前，AIG 还在尝试出售其再保险业务 14% 的股权，以及在中国台湾地区的子公司南山人寿的股权。

保险保障基金制度比较研究

引言

保障基金制度是保险业防范化解风险的一种市场化的自救机制，有助于保护保单持有人利益、促进保险业健康发展和维护金融稳定。自 20 世纪 30 年代美国率先建立保障基金制度后，世界各国相继效法。经过几十年的发展，保障基金制度不断完善，发挥了越来越重要的作用。

我国保险保障基金制度自 1995 年《保险法》作出原则性规定以来，先后经历了保险公司专户留存、专户缴存监管部门进行集中管理以及公司化运作三个阶段。2008 年依据新颁布的《保险保障基金管理办法》，成立了中国保险保障基金有限责任公司，进一步理顺了保障基金筹集、管理和使用体制。目前，我国保险保障基金制度已成为加强保险业风险管理的重要制度安排，防范和化解行业风险的重要屏障，保险监管职能的延伸和监管手段的有益补充。当然，也存在不少有待完善之处。

"他山之石，可以攻玉"，本课题选择美国、英国、日本、加拿大和中国台湾等国家和地区，从管理模式、筹集管理、资金运用、风险监测和风险处置五个方面进行比较分析。通过比较分析，全面总结当前保险保障基金体系构建的基本模式和成熟做法，从中得出有益的启示，为完善我国保险保障基金制度提供理论依据和参考。

一、保险保障基金制度概论

金融风险和金融危机会损害金融消费者的权益，影响人们对金融系统的信心。各国金融监管机构采取了许多方法以促进金融业的健全和稳定，常见的监管技术大致可分为三类：一是为限制金融机构风险的发生和扩大而涉及的风险预警系统；二是对发生清偿能力危机的金融机构提供的各种紧急援助；三是金融机构破产时对其客户提供的最后保障计划。对于保险业来说，许多国家和地区以立法的形式建立了保险保障基金制度，作为保险业防范化解风险的又一道防线。

（一）保险保障基金制度的概念

通常，保险保障基金制度是一个国家（或地区）为了保障保单持有人合法权益，促进保险业健康发展，维护金融稳定，通过规范保险保障基金的筹集、管理和使用，救助保单持有人、保单受让公司或者处置保险业风险的一种制度安排。①

保险保障基金作为保险行业的一种特殊基金，具有法定性、确定性和互助性的特点。法定性是指保险保障基金的建立、管理和使用一般由各国监管机构通过保险法律法规的形式确定，具有强制性；确定性是指保险保障基金的规模、投资收益和成本费用的分摊和对符合条件被保险人的给付比例等都有明确的规定，不能随意变更；互助性是指保险保障基金具有行业公用的性质，体现了各保险公司的互助共济。在我国，根据《保险法》的规定，保险保障基金是由保险公司缴纳形成，按"集中管理、统筹使用"的原则，在保险公司被撤销、被宣告破产等情形下，用于向保单持有人或者保单受让公司等提供救济的法定基金。简单地说，当保险公司破产或被撤销，如果其有效资产无法全额履行其保单责任时，保险保障基金可以按照事先确定的规则，向保单持有人提供全额或部分救济，减少保单持有人的损失，确保保险机构平稳退出市场，维护金融稳定和公众对保险业的信心。

（二）保险保障基金制度的主要内容

保险保障基金制度的整体框架是由诸多方面因素构成的综合体。这些因素互相影响、互相制约，对各个因素的不同选择构成了各国各具特征的保险保障基金制度。

保险保障基金制度的基本内容主要包括公共政策目标、法定职责与授权、组织形式和治理结构（包括保险保障基金与政府的关系）、成员资格、保障范围与程度、基金征收方式与比例、风险处置与信息披露等八个方面。

1. 公共政策目标

保险保障基金制度公共政策目标大致可归为保障保单持有人合法权益；提高公众对保险行业信心，促进保险业健康发展；通过建立对问题保

---

① 参见《保险保障基金管理办法》（中国保险监督管理委员会令 2008 年第 2 号）、江生忠等（2010）、江先学（2009）和姚壬元（2006）。

险公司的处置规则，提供有序的处理破产机构的机制，避免危机的扩大和传播，维护金融稳定。以上目标并不一定同时存在，有些国家只选上述其一，有些国家则包括更多。

2. 法定职责与权利

保险保障机构的法定职责与授权是由保险保障制度的公共政策目标决定的。由于公共政策目标不同，各国保险保障基金的法定职责与权利也存在差异。有的保险保障机构仅有支付职能，职责仅限于在保险监管机构等的指导下，对保单持有人进行赔付，并事前或事后向保险公司收取基金以及机构的运营成本。有的保险保障机构则拥有相对广泛的职责和权利。这些职权包括对参加和退出保险保障制度的审批权、对保险公司进行检查或要求其自查的权利等，这类机构还可能提供财务支持，处置倒闭的保险公司，原则是使保险保障基金的损失最小化，总之，这类机构拥有制定制度、监督制度实施和对倒闭机构进行处置的权限。

3. 组织形式和治理结构

保险保障机构的组织形式不仅关系到其治理结构，而且影响到其职能与授权。一般保险保障机构有三种组织形式：一是由政府建立和管理的保险保障机构，其资金是由政府提供或者进行后备支持，这类保险保障机构一般具有广泛的职权，如风险预警和危机处理等；二是保险行业协会建立和管理的保险保障机构，其资金来源于保险公司，没有政府援助，这类保险保障机构的职权有限，国家一般需要通过立法明确规定监管机构向其提供信息的责任；三是混合形式的保险保障机构。与组织形式相对应的具体问题是保险保障机构采取什么样的运作模式，即治理结构问题。是采取公司制的治理模式，还是行政单位制的政府机构模式，抑或兼具二者特征的混合式，不同的运作模式将涉及保险保障机构的人力资源、内部组织构架、规章制度等具体内容。

4. 成员资格

成员资格是涉及强制参加还是自愿参加以及哪些机构参加保险保障基金制度的具体问题。一般而言，参加保险保障基金制度的成员应该服从严格的审慎监管制度，且成员资格应该是强制性的，以避免逆向选择问题。

但自愿参加的模式也有其优势，它使保险保障机构具有一定的灵活性，可以通过建立加入标准来控制风险，有助于强化审慎监管制度。

5. 保障范围

保险保障基金制度的保障范围：一是保障的险种范围，如区分强制险与非强制险进行不同比例的赔付；二是保障的保单持有人的范围，包括区分机构保单持有人与个人保单持有人、外国保单持有人与本国（州）保单持有人等；三是保障的额度，一般包括保障的上限和比例。保障范围的确定要在公众的承受能力与防范道德风险、培养市场约束力之间进行平衡。

6. 资金来源

资金来源需要考虑三方面的问题：一是事前融资还是事后融资，事前融资有助于培育公众对保险公司可能破产的意识、避免破产保险公司本身逃离基金缴纳义务从而有利于基金费用在成员间的公平分摊，但事后融资具有减少基金运作成本、避免资金被挪用等优点；二是确定事前融资的情况下，采用风险费率还是平均费率，风险费率比平均费率更有利于保险行业的审慎监管，但对审计、财务和风险评估等配套制度的要求更高；三是资金来源的构成和管理安排，主要包括政府是否投入资本金、基金如何计收以及基金资金短缺时的特殊融资渠道等。

7. 风险处置

对风险保险公司的处置方式在很大程度上影响保险保障基金的使用。处置保险公司的方式和程序由以下目标决定：一是应努力使处置成本最低；二是应避免潜在的不稳定因素影响金融系统和国家经济；三是符合保险保障基金制度的宗旨。这方面的规则包括：一是风险处置中，如何建立金融安全网成员的合作机制；二是对保单持有人或保单受让公司赔付的标准化程序；三是保险保障基金对问题保险公司公开援助的程序；四是过渡公司（如有）运作的标准化程序。

8. 信息披露

一个被公众充分了解的保险保障体系，可以降低单个保险公司出现风险时发生大量退保的可能性。同时，保险保障基金制度的覆盖面、保单持有人获得救济的及时性和程序透明度等将影响公众对保险体系的信心，从而影响到保险保障制度维护保险系统稳定的有效性。因此，保险保障基金制度的相关规定、程序应当以法律形式、正式的政策公告或协议等形式"公之于众"，必要的时候通过举行听证会等方式以让公众参与或监督保险保障基金的运作过程。

（三）保险保障基金的相关制度体系

1. 银行存款保险制度

银行存款保险制度是通过立法形式建立的由经营存款业务的金融机构向特定的保险机构缴纳一定的保险金，建立存款保险准备金，当投保金融机构发生经营危机或面临破产倒闭时，存款保险机构向其提供财务救助或直接向存款人支付部分或全部存款，从而保护存款人合法权益、维护金融稳定。

银行存款保险制度和保险保障基金制度的相似点主要有三方面：一是设立目的相同，保护的对象都是金融产品的消费者，银行存款保险保障的对象是储户，保险保障基金保障的对象是保单持有人。二是两者都具有法律的强制性。三是两者面临的风险相似，都存在逆选择和道德风险（江先学，2009）。

银行存款保险制度和保险保障基金制度的不同之处主要有两方面：一是保障的利益不同，利益计算的难易程度不同。银行存款保险保障的是储户的存款，连本带息容易计算。保险保障基金保障的是被保险人和受益人的或有利益，较难以计算。二是银行业和保险业面临的风险和环境是不同的，银行与保险公司各自破产概率的影响因子也各具特点，由此决定了两种制度具体的运行模式有较大差异。

2. 证券投资者保护基金制度

证券投资者保护基金是指按照有关证券投资者保护基金管理办法的法规筹集形成的、在防范和处置证券公司风险中依据国家政策用于保护证券投资者利益的资金。

证券投资者保护基金的作用有四方面：一是可在证券公司出现关闭、破产等重大风险时依据政策规范地保护投资者权益，通过简捷的渠道快速对投资者特别是中小投资者予以保护；二是有助于稳定和增强投资者对金融体系的信心，有助于防止证券公司个案风险的传递和扩散；三是对现有国家行政监管部门、证券业协会和证券交易所等行业自律组织、市场中介机构等组成的全方位、多层次监管体系的一个重要补充，将在监测证券公司风险、推动证券公司积极稳妥地解决遗留问题和处置证券公司风险方面发挥重要作用；四是有助于我国建立国际成熟市场通行的证券投资者保护机制①。

证券投资者保护（或补偿）制度类似于存款保险制度和保险保障基金制度，是资本市场发达国家和地区普遍建立的一种保护证券投资者的基本制度，也是证券市场监管体制中不可缺少的重要环节。

3. 再保险制度

再保险也称"分保"，是指保险人将其所承保的风险和责任的一部分或全部，转移给其他保险人的一种保险。

再保险与保险保障基金都源于原保险业务，都具有分散风险、稳定经营的功效，但也有着本质的区别：一是自身性质不同，再保险是自愿的商业行为，保险保障基金是强制的政策行为；二是所分散转移的风险性质不同，再保险分散的是一家保险公司的承保风险，而保险保障基金分散的是保险公司的破产倒闭风险；三是运营目的不同，再保公司的运营目的是通过分散风险、扩大承保能力和提高偿付能力增加股东利益或者提高公司价值，保险保障机构一般都是非营利组织，其目的是为了保障保单持有人的利益、促进保险业健康发展和维护金融稳定（江生忠等，2010）。此外，在承保对象、给付条件、保费缴纳等方面也存在很大差异：再保险用于参与再保的保险公司，保险保障基金用于风险公司和保单持有人；再保险以保险事故的发生为给付条件，保险保障基金以保险公司撤销、破产为给付条件；再保险可按照保险金额的约定比例分担责任，也可以非比例的方式进行，保险保障基金按照保险业务收入的固定比例计算缴纳。

4. 保险监管制度

保险监管是指监管部门主动对保险市场主体实施各种检查，监管部门

---

① http://special.cnfol.com/2036，00.shtml.

对保险公司的经营，尤其是市场行为、偿付能力和公司治理的监管是日常主要的监管工作。保险保障基金是在保险机构发生破产或偿付能力严重不足问题时，保险业防范化解风险的又一道防线，相对于保险监管是一种较为"被动"的制度。

(四) 其他国家 (地区) 保险保障基金制度概况

保险保障制度在发达国家较为常见。据统计，截至 2000 年底，经济合作与发展组织的 29 个成员国中，有 21 个国家建立了这项制度。在亚洲，泰国、马来西亚、菲律宾、新加坡、文莱以及中国香港和澳门两个特别行政区、台湾地区都建有该项制度。一些保险业并不发达的东欧国家，包括保加利亚、克罗地亚、爱沙尼亚、拉脱维亚、罗马尼亚、斯洛文尼亚和乌克兰等也建有这项制度。

在美国，第一项保险保障制度于 1935 年始建于纽约州。目的是在经营工伤保险的保险人倒闭时，向无法得到保险金的保单持有人支付工伤保险金。美国全国保险监管人协会于 1969 年颁布了《财产和责任保险保障基金标准法》和《人寿和健康保险保障基金标准法》（这两项标准法的最近修改年月分别为 1996 年 6 月和 1998 年 6 月）。此后，70 年代早期，美国各州纷纷参照这两项全国标准，建立起本州的各类保险保障制度。目前，大多数州分别建有并监管本州的财产和责任保险保障基金以及人寿和健康保险保障基金。

在欧盟，一些大陆法国家过去对保险人的偿付能力实行严格的实质性监管，因此并没有普遍建立保险保障制度。英国、爱尔兰和挪威较早建立了这项制度。其中，英国于 1975 年颁布了《保单持有人保护基金法》，并专门设立了全国性的"保单持有人保护委员会"，负责管理和支付保险保障基金，保障范围涵盖寿险和大多数非寿险险种。1997 年又颁布了新的《保单持有人保护基金法》，主要对 1975 年法令规定的保障对象进一步做了限制。而德国和意大利等国建有仅适用于汽车保险的保险保障制度。

近年来，一些国家遭遇金融危机，引起保险人倒闭，造成金融秩序动荡。同时，保险业与银行业、证券业等其他金融行业之间的融合不断加深，而许多国家都建有银行业的存款保险制度。这些因素在全球触发了一种建立和更新保险保障制度的趋势。比如，法国、韩国近年建立了该项制度。日本日产生命保险公司于 1997 年 4 月破产后，对大批保单持有人的补偿，使日本人寿保险保障基金的资金枯竭。日本金融监管当局于 1998 年设立了新的"保单持有人保护公司"，负责对日产生命，以及其后接二连三破产的东邦生命等另五家保险公司的"身后料理"。英国金融服务局则于 2001 年 12 月正式实施了金融服务机构统一的保障制度。该制度取代了此前银行、保险和证券等金融业分别设置的八个保障基金，以适应在英国金融业深入融合的状况下保护金融消费者的需要。

二、保险保障基金管理模式比较研究

保险保障基金一般为行业监管者发起，并由市场中的各会员公司共同筹资建立。综观各国（地区）情况，保障基金通常交由一非营利性的法定机构负责日常管理，每一个基金管理机构对应一个基金。保险保障基金主要有三种设立方式：一是非营利性企业法人，二是社团法人，三是隶属于监管部门。①

我国自 1995 年《保险法》进行原则性规定以来，保险保障基金制度先后经历了单独提取、专户留存的企业留存，专户缴入、加强监督的集中管理和借鉴经验、积极改制的公司化运作三个阶段，尤其是在第三阶段，2008 年依据新出台的《保险保障基金管理办法》成立了中国保险保障基金有限责任公司。

本章主要介绍具有典型意义的保险保障基金管理模式，通过分析和比较各国（地区）管理模式多年来的实践经验，为完善我国保险保障基金的管理模式提供借鉴。

（一）各国（地区）保险保障基金管理模式及其实践

1. 美国

（1）基金概况及其功能定位

保险保障基金最早出现在美国。美国以州为单位的保险监管体制决定

---

① 江生忠，朱威至，陈佳. 保险保障基金制度的国际比较与借鉴［J］. 行业观察，2008（11）.

了相应的保险保障基金制度也以州为单位。纽约州分别于 1941 年和 1947 年建立了人寿保险保障基金、财产与意外险保险保障基金。20 世纪 70 年代，因大量保险公司破产倒闭，加速了美国其他各州保险保障基金的建立。为了统一协调各州保险保障基金制度的建立，美国保险监督官协会（NAIC）于 1970 年制定了示范法。目前，美国保险保障基金有两个主要模式，即纽约州的保险保障基金模式和 NAIC 的保险保障基金模式。

美国各州设有保险保障协会及保险保障基金，分别负责财产险及责任险保障基金、寿险与健康险保障基金。为了更好地协调州与州之间的工作，各州保障协会分别在 1983 年和 1989 年成立了国家人寿与健康保险保障协会组织（National Organization of Life and Health Insurance Guaranty Associations，NOLHGA）和国家保险保障基金协会（National Conference of Insurance Guaranty Funds，NCIGF），帮助跨州处理沟通与法律诉讼等协作事宜。

金融危机之后，奥巴马政府通过颁布新的金融改革法案加强了对包括保险业在内的金融领域的集中管理。其中，2009 年《全美保险消费者保护法案》成为新时期保险行业风险管控的核心法律依据。与此相呼应，在新的金融改革蓝图中，国家保险委员会（National Insurance Commissioner）与 NAIC 也被赋予了更为重要的作用。

依据该法案，财政部下设专门的国家保险署（Office of National Insurance（ONI）），统一了过去比较分散的保险监管职权。同时，国家保险署下设消费者事务部（Division of Consumer Affairs），在 NAIC 的配合下，专门负责为保险消费者提供保护。

美国的保险保障基金体系及功能定位比较复杂，概括起来有以下三个方面：一是以州为单位的保险保障基金，主要负责对本州依法撤销或宣布破产的保险公司进行处置，以及给予保单持有人一定的保障救助，同时，对会员保险公司进行风险监控，起到对保险行业风险预警的作用；二是负责州与州保险保障基金之间的沟通与协调的 NOLHGA 和 NCIGF，负责对跨州保险公司进行统一的风险处置，从全国层面协调处理跨州偿付能力危机案件，为保单持有人提供进一步保障；三是属于联邦一级的国家保险保障公司，为保单持有人提供了一道更强的保护网。总之，经过几十年的发展，美国的保险保障体系已逐步形成以州为单位，由联邦机构协调的保障模式，为将单个保险公司的风险分散到整个产业，提升社会对于金融机构的信心发挥了积极作用。

（2）基金的管理机构

①纽约州保险保障基金的治理结构与管理机构

纽约州人寿保险保障基金由纽约州人寿保障公司（The Life Insurance Company Guaranty Corporation of New York）管理，而财产保险保障基金的管理由 NAIC 负责。

纽约州人寿保险公司保障公司成立于1941年，由《纽约州保险法》第七十七章进行相应的规范。就法律地位而言，纽约州人寿保险公司保障公司属于非营利性的公司法人，该机构由保险监督官及各保险公司派一名代表构成，由成员选举五至十三名董事组成董事会来筹集、管理和使用保险保障基金，董事需经保险监督官同意后任命。出现空缺时，则由董事会选举，经监督官同意后任命，任职至空缺董事原任期为止，监督官虽然为董事会的主席，但没有投票权。公司的职责为：（A）对破产人寿公司的债务进行处置，为被保险人提供救助；（B）为州保险监督官提供破产公司处置建议并协助做好有关工作，在监管部门的授权下，与破产公司的清算人（Liquidator）、重整人（Rehabilitator）或监管人（Conservator）签订有关协议，履行有关职责（提建议和做好准备）；（C）征收保险保障基金，对不缴纳公司予以处罚，既可以暂停或撤销其营业执照，也可以按未缴纳部分的5%进行罚款，但最低不得低于100美元；（D）必要时可以外部融资，即在基金不足以处置破产公司债务时，可对外借款；（E）了解保险公司有关财务和偿付能力信息。①

财产保险保障基金的管理由 NAIC 负责。NAIC 设立独立的法人机构管理基金的收支。具体包括：对保障基金的征收；受保险监督官的授权，对破产倒闭公司被保险人债务的保障以及对倒闭公司的重组等工作；负责保

---

① 江先学. 中国保险保障基金制度研究［D］. 成都：西南财经大学，2009.

险保障基金的投资管理等。

②美国 NAIC 保险保障基金的治理结构与管理机构

NAIC 分别设立独立的非营利法人机构，管理人寿、健康保险保障基金和财产、意外保险保障基金。在保险公司中选举 5 至 9 人组成董事会对保险保障基金进行筹集和管理，经监督官同意后任命，遇有空缺则由其他董事选举继任者，经监督官同意后任命至原任期届满之日。

对于寿险保障基金，其主要职责是：负责基金的征收和管理；负责对破产公司被保险人利益的给付，以及参与对财务和偿付能力有问题的公司的援助、重整、转让和清算等，如果基金不足，可以对外借款。

对于财产、意外保险保障基金，其工作职责主要包括以下四个方面：负责征收保险保障基金；参与破产保险公司被保险人的债务清偿、重组等；在保险监管部门授权下，对会员保险公司的财务和偿付能力状况等进行监督，并提出有关建议；负责对基金的投资管理，并向保险监管部门提交保险保障基金的年度财务报告。

几乎所有州都依照条例设立独立的法人机构来管理基金收支，基金由各保险公司缴纳至保险保障基金公司之后，即属于该公司的资产，收支皆由董事会决定，以防业界干涉公司的运作。因此，保险保障基金较有公信力，且能随机应变，迅速有效地补偿保单持有人。另外，保险保障基金的管理人员大多有行业从业经验，或是来自行业的专家。各州委员会都体现了集中化管理的特点，大多数州的保障基金委员会的核心成员只有 3 人组成。这样精练的组织便于协同，提高效率，而基金委员会的基础性工作都通过雇用外部人员完成。[1] 尽管主要由行业专家管理，但与监管部门的合作不断加强，如州财产险及责任险保障基金委员会和寿险与健康险保障基金委员会中分别有 11 个人在州政府保险监管部门工作过。[2]

国家人寿与健康保险保障协会组织（NOLHGA）和国家保险保障基金

---

① 江敏. 保险保障基金筹集问题研究——基于国际比较的视角 [D]. 成都：西南财经大学，2007.

② Klein，R. W.（1995）Insurance Regulation in Transition. Journal of Risk and Insurance，62：363 – 404.

协会（NCIGF）主要负责从全国层面协调处理跨州偿付能力危机案件中向保单持有人提供保障的复杂工作。当一家在多个州经营的保险公司宣布无偿付能力时，NOLHGA 将会由案件所涉及的各州保障协会成立一个工作小组，在法律、精算以及财务等方面专家的协助下，迅速而高效地处理接管与清算事务，为被保险人提供保障。NOLHGA 通常还为接管人和债权人对被清算公司实物资产的评估确认与处置提供协助，以保证所处置的资产能够实现变现价值的最大化。NCIGF 的主要工作是在国家层面，协调并监督各财险保障协会成员处理信息沟通、管理、公共政策、法律及诉讼事务，提供保障体系的财务信息以及开展教育与培训，与 NAIC 开展交流论坛等工作。美国保险保障基金组织管理框架如图 2.2.1 所示。

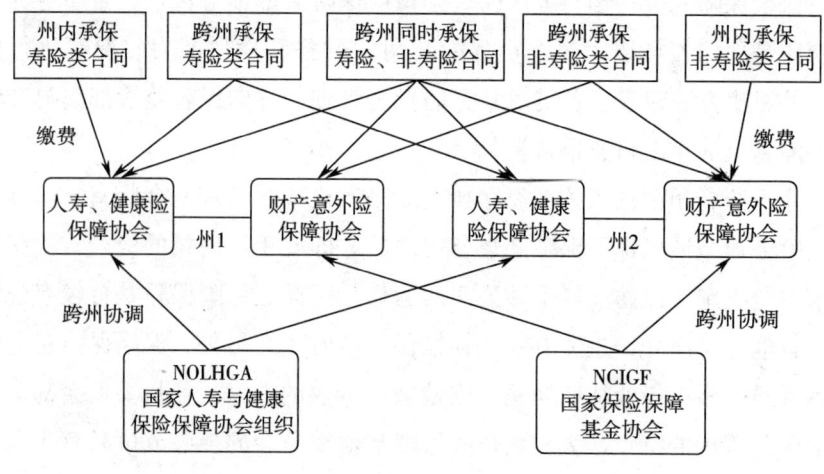

图 2.2.1　美国保险保障组织结构

③国家保险保障公司

在 2009 年的《全美保险消费者保护法案》中，专章规定设立一家"国家保险保障公司"。其保障基金来源于全国性保险公司依据自身业务规模提供的专项资金。虽然国家保险保障公司属于联邦一级，仍强调各保险机构及其分支机构必须首先加入所在各州的保险保障基金，然后各大型的州际保险公司可自愿选择是否加入联邦一级的国家保险保障基金，以扩大自身受保障的程度。在救助方面，各州的保险保障基金第一时间对本州管辖内的问题保险公司进行处置及对保单持有人进行救助。另外，国家保险保障基金公司的董事必须每两年向国会递交一份专门报告。

2. 英国

（1）基金概况及功能定位

英国的保险业发展历史悠久，保险市场自由化程度较高，保险行业自律较强，政府对保险业监管较为宽松。在英国保险业发展的过程中，也曾多次出现保险公司无力偿付的情况。因此，在 1975 年，英国颁布了《保单持有人保障法》，旨在加强对保单持有人利益的保护。同时，根据该法案，设立了保单持有人保护委员会（Policyholders Protection Board），同时建立了英国的保险保障基金制度。

2000 年《金融服务与市场法》颁布后，英国开始实行统一的金融服务补偿计划（Financial Services Compensation Scheme，FSCS），对所有因金融机构丧失偿付能力遭受损失的保单持有人提供一站式的补偿服务，以配合整个金融市场统一管理的监管模式。FSCS 由一个计划管理公司运作，该公司是一家私营有限公司，但其董事会成员须由监管者指定。在保险领域，金融服务补偿计划是一个覆盖寿险和非寿险保险的综合计划。

（2）基金的治理结构和管理机构

英国的保单持有人补偿制度通过设立一个独立的保单持有人保护委员会来运作。就法律地位而言，保单持有人保护委员会属于非官方筹集主体，具有权利能力和行为能力，不受其他事业的干涉，能够较为有效地筹集和管理基金；另一方面，受国务大臣监督管理，可以确保组织运行的可信度。该基金会可以利用其收取费用的权利为担保进行举债，以完成其职责，但政府对此不提供任何担保。

保单持有人保护委员会由国务大臣任命的五名委员组成，其中至少三名为保险公司的负责人，至少一名为代表保单持有人和消费者利益的公正人士，由国务大臣指定其中一个委员为主任委员。委员的任期不得超过 2 年，当委员缺席时，国务大臣指派他人代理，称为替补委员，缺席委员如果是保险公司的负责人，替补委员也只能从保险公司的负责人中选出；缺席委员如是代表保单持有人利益的公正人士，替补委员则需要由国务大臣认定其资格。

该委员会受国务大臣的监督管理，工作主要是：①监督保险保障基金的征收管理与投资；②负责对破产公司被保险人利益的保护；③对财务和偿付能力有问题公司进行有限的援助、重整、转让和清算等；④向国务大臣报告有关基金的财务状况等。① 具体的组织结构如图 2.2.2 所示。

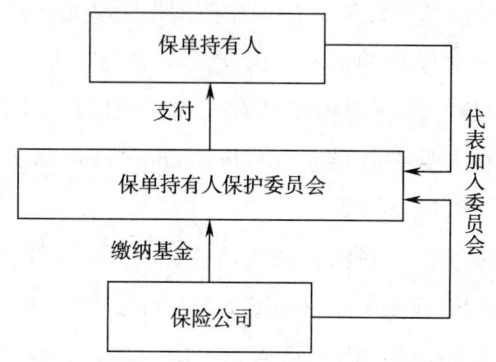

图 2.2.2　英国保险保障基金管理的组织结构

（3）金融服务补偿计划

根据《金融服务与市场法》的要求，英国在 2001 年 12 月 1 日将原有的多个补偿机构（存款保险理事会、投资者补偿计划、保单持有人保护计划、建房互助会投资者保护计划、友善社会保护计划等）合并，成立了单一的独立组织金融服务补偿计划统一负责对存款人、投资者、保单持有人等的补偿工作。所有在英国拥有营业许可的金融机构，当其不能偿付债务且停业后，由 FSCS 对遭受损失的投资人进行补偿。FSCS 的补偿对象主要是个人及小型企业，大型商业企业一般被排除在外。

该计划由金融服务补偿计划有限责任公司（Financial Services Compensation Scheme Limited，FSCSL）负责实施。该公司是一个独立的法人机构，具有商业公司的所有特点。但金融服务补偿计划有限责任公司同时又是受英国金融服务局（FSA）监督的独立法人机构，在职能上担任 FSA 委任的存款、保险和投资的赔付。根据法律规定，任何一个 FSA 会员在注册接受

---

① 江先学. 中国保险保障基金制度研究 [D]. 成都：西南财经大学，2009.

监管时，自动成为投资者保护计划的成员。FSCS 由理事会管理，理事由 FSA 指定，但 FSA 要保证 FSCS 运作的独立性。FSCS 包括存款补偿、保险补偿、投资业务补偿、抵押业务补偿、非寿险中介补偿五个子计划。金融机构根据其业务经营许可，必须参加 FSCS 各子计划，如一个机构具有多种经营许可，则需要参加多个子计划。

3. 日本

（1）基金概况及功能定位

从 20 世纪 90 年代后期开始，频传日本保险公司陷入困境的消息，接二连三地出现寿险公司经营失败进行重组的事件。1996 年修订的《保险业法》中加入了设立"保单持有人保险保障基金"的内容，目的是对接收破产保险公司合同的保险公司实施资金援助。1997 年日产生命破产使日本人寿保险保障基金的资金枯竭。为更好地保护投保人的利益，日本对《保险业法》进行了修改，引进了设立保单持有人保障机构的制度，并于 1998 年 12 月开始实施，负责对日产生命以及其后破产的东邦生命等另五家保险公司的处置工作。因此，保单持有人保险保障基金实际上已经被保单持有人保障机构（被保险人保障公司）制度所取代。保单持有人保障机构主要目的是承继破产公司转移的保险合同，或对破产公司进行援助的保险公司给予资金支持，以保护被保险人的权益不受损失。

根据《保险业法》，被保险人保障公司的主要职责包括：①对保单受让公司实施资金援助。资金支持方式包括拨款、资产收购、保单转移以后的损失分担等。资金支持的情形包括保单完全转移、部分转移、破产保险公司股份合并等。资金支持的类型包括保单转移到承继保险公司、保单承担（保单由破产公司转移到过渡保险公司）、保单的再承担（由过渡保险公司转移到另外一个保险公司）、保单再转移（保单由被保险人保障公司转移到另一保险公司）。②负责接受破产保险公司有关的保险合同，并负责管理和处理这些保险合同。允许被保险人保障公司任命为保险管理者或者保险管理者的代理人；在不能找到继承人的情况下，允许"过渡保险公司"承担破产保险公司的保单；允许被保险人保障公司收购针对破产保险公司的保单请求权；允许被保险人保障公司收购失败保险公司的资产，并且作为一种暂时措施允许其就这类资产的买卖和恢复设立信托。③发放贷款。对因暂时的资金周转状况有可能推迟保险金赔付或已经推迟保险金赔付的会员公司发放贷款。发放贷款的目的仅限于保证会员公司顺利支付保证金，而且，必须确保与贷款有关的资金债权能够收回并符合监管机构的其他必要条件。

（2）基金的管理机构

日本《保险业法》第259条规定，"保单持有人保护公司"设立的目的，是以转移方式承接破产公司的契约，或对救援公司提供资金援助等方式来保护保单持有人的权益，并维持社会大众对保险业的信赖。保单持有人保护公司属于公司法人，同时由大藏大臣负责监督。保单持有人保护公司制定有关实施资金援助事业准则时，必须载明对救济公司实施资金援助的事项、缴纳保险保障基金费的事项和大藏省命令规定的其他事项，并经大藏大臣批准。大藏大臣认为批准的业务准则已不适用于经营资金援助事业时，可责令其变更。大藏大臣在保单持有人保护公司的董事、监事作出违反保险法规定的命令或处分或业务准则的行为时，或因其在任使得保险保障基金不符合必要的条件时，可解除该董事、监事的职务。①

日本于1998年成立了寿险保障公司（PPCJ）和非寿险保险公司（NPPCJ），分别管理寿险及非寿险的保险保障基金，并分别成立"保单持有人保护机构"。负责管理基金的委员会成员多数为独立理事，代表公众与消费者的利益。政府同样以立法形式强制在日本境内经营的所有保险公司，包括外资子公司成为保单持有人保护公司的成员。公司当前的经营范围包括以下几个方面：其一，向接收无偿付能力公司保单的救济公司提供财务支持；其二，如果没有救济公司出现，则由保单持有人保护公司承接、管理并解决无偿付能力公司的保单；其三，当没有救济公司出现时，建立一家保单持有人保护公司的过渡子公司来接管无偿付能力公司的保单，保单持有人保护公司需完全监控管理该子公司；其四，当会员公司因短期现金流问题而被迫停止支付保单持有人的赔偿请求时，保单持有人保

---

① 江敏. 保险保障基金筹集问题研究——基于国际比较的视角 [D]. 成都：西南财经大学，2007.

护公司向该成员提供长期贷款；其五，向特定的保单持有人提供等价于其赔偿请求金额总量的贷款（这是在保险公司因监管机构暂停其经营业务的命令而被迫停止支付赔偿请求的情况下）；其六，成为保险管理者；其七，购买无偿付能力公司的保单持有人的赔偿请求权；其八，购买无偿付能力公司的资产。

4. 加拿大

（1）基金概况及功能定位

为防范保险公司因偿付能力不足而破产，加拿大政府于 1988 年建立人寿保险保障基金。同年，加拿大成立了人寿与健康保险补偿公司（Canadian Life and Health Insurance Compensation Corporation，CompCorp）。加拿大人寿与健康保险补偿公司属于公司法人，自律性相当强，具有变更组织及章程的权利，法院的干预力度比较小。加拿大人寿与健康保险补偿公司最为特殊的一点是其属于自主性的行业组织，并非由政府设立或由于法令规定设立，而是行业自发的产物。因此，就公司经营主体而言，比较容易站在保险公司的立场考虑问题，但另一方面，运作的独立性可能被削弱。

1990 年，加拿大人寿与健康保险补偿公司重新组建成为一家非营利性的资金管理机构 Assuris，负责管理人寿保险保障基金。在其设立之初就面临着加拿大历史上第一宗寿险公司 Les Cooperants 破产清算案的处理问题。在这次加拿大历史上首例寿险公司破产案例的处理上，Assuris 总共动用了 1.8 亿美元以保证所有被保险人的利益得到足额保障。在接下来的两年里，Assuris 又先后处理了 1993 年 Sovereign Life 保险公司和 1994 年 Confederation Life 保险公司的破产清算案件，很好地起到了保障被保险人利益的作用。

（2）基金的治理结构与管理机构

加拿大管理保险保障基金的机构是 Assuris 和 PACICC，分别管理人寿保险保障基金和财产与意外保险保障基金。

加拿大负责管理人寿保险保障基金的公司 Assuris（前身是 Comp corp）成立于 1990 年。Assuris 是加拿大政府支持的、由行业内各公司出资成立的一家非营利性资金管理机构。公司董事会由在寿险业务经营上具有相关知识和经验的独立专业人士组成，其中三分之一的成员由会员公司选举产生。公司下设行业建议委员会，由 7 名来自会员公司的代表组成，主要起到将公司董事会与会员公司相连结的纽带作用。在加拿大经营人身与健康保险业务的公司强制加入成为保障基金的会员公司。截至 2008 年，共有 108 家会员公司。在保障基金覆盖范围内的保单类型包括人寿保险、大病保险、健康保险、伤残给付、支付型年金、累积型年金、团体保险、团体退休保险以及分割式基金等。

加拿大的财产与意外保险补偿公司 PACICC 设立于 1988 年，1989 年开始正式运行。与人身与健康保险保障基金相似，财产与意外保险保障基金强制加拿大境内经营财险业务的非国有保险公司参加该计划并成为会员。而对于不经营财产险的意外险或健康险公司则属于人身与健康保险保障基金的管理范畴。PACICC 的董事会成员同样由会员公司选举产生，政府的监管部门可以对董事会的工作以及公司的运行予以监督。一旦某个会员公司进入了清算的法律阶段，财产与意外保险补偿公司开始承担责任，原公司的所有保险合同都将转移给财产与意外保险补偿公司，由该公司对被保险人进行赔偿或退还未到期保费。保险公司进入清算程序后，财产与意外保险补偿公司将派出顾问参加法院指定的清算小组，对破产公司进行清算。由于财产与意外保险补偿公司承担了破产保险公司的所有保险责任，成为原保险公司的债权人，从而享有两种权利：对原保险公司剩余财产的索取权和对被保险人的代位求偿权。

5. 中国台湾地区

（1）安定基金概况及功能定位

1975 年，台湾新光人寿保险公司倒闭以及其他寿险公司也出现了财务危机，引起了社会对于人寿保险业的质疑，消费者信心下降。此事件导致台湾"人寿保险业安定基金设置及管理办法"的出台，随后建立了人寿保险业安定基金制度。1993 年修订的"保险法"增加了设立保险保障基金的规定。以此为依据，台湾又建立了财产保险保障基金制度。随着台湾保险业的不断发展，台湾"保险法"也进行不断修订，并出台了"财团法人保险安定基金组织及管理办法"。办法已多次修订，其中，最近两次修订是：2002 年的"财团法人保险安定基金管理办法"和2008 年的"财团法人保险安定基金组织及管理办法"。这些法规对台湾安定基金的角色及功能做了进一步明确和提升，包括风险评估与控制、风险处置和强化履行保险责任机制等功能。同时，可以配合保险行业监管机构更有效地处理问题保险公司，维护保险行业稳定。根据 1997 年台湾新修订的"保险法"第一百四十三条第一款规定："为保障被保险人之权益，并维护金融稳定，财险保险业及人身保险业应分别提取资金，设置安定基金。"第三款规定："安定基金之动用，以下各条款为限：（1）对经营困难保险业之贷款；（2）保险业因承受经营不善同业之有效契约或因合并或变更组织，致遭受损失时，得请求基金予以低利抵押贷款；（3）保险业失却清偿能力后，其被保险人依有效契约所得为之请求未能获偿之部分，得向安定基金请求偿付；（4）其他为保障被保险人之权益，经主管机关核定之用途。"可以将台湾安定基金的功能归为以下几点：一是在保险公司经营失败，出现偿付能力不足时，救助保单持有人，以保障保单持有人的利益；二是对破产的保险公司进行相应的风险处置，使其平稳退出市场，避免由此产生的动荡和不稳定，防止单个保险公司的风险蔓延到整个保险行业，从而维护保险行业的稳定和发展；三是对经营困难的保险公司进行"急救"，降低保险公司退出市场的可能性，达到预警效果。

（2）台湾安定基金的治理结构与管理机构

2009 年 7 月 3 日，以公司形式运作的财团法人保险安定基金（Taiwan Insurance Guaranty Fund，TIGF）成立，负责管理台湾安定基金。财团法人保险安定基金由"金融监管委员会"（FSC）授权，以台湾"保险法"为法律依据，主要负责保险保障计划和保险预警系统。

安定基金设董事会，董事由 13～17 人组成，并推选董事长对内主持董事会，对外代表安定基金。安定基金有总经理总理业务，副总经理二人管理业务，下设置财务部、业务部、管理部，以推展、办理基金业务。另安定基金为积极推展业务，依据实际需要，设立三个委员会：①咨询委员会。由财经专家、学者及实务界人士组成，定期或不定期举办座谈会，提供专业咨询与建议，以便业者了解国内外财经趋势，掌握经营环境变化，控制经营风险。②财险业预警制度委员会。由保险专家、学者及业务届人士组成，以协助安定基金研究或修订财险业预警制度为目的，定期或不定期召开会议。③寿险业预警制度委员会。由保险专家、学者及业务届人士组成，以协助安定基金研究或修订寿险业预警制度为目的，定期或不定期召开会议。总经理下设三个部门：①财务部：办理本基金款项之收付、保管及运用、财产保管及其他有关会计事务等相关事项。②业务部：办理"保险法"规定的相关业务、退场机制的研究规划及保险业经营信息的搜集、整理、分析、追踪与控管。③管理部：办理法务、文书、出纳、采购、人事和信息等事项。另外，安定基金设监察人一至三人，其资格及产生方式，依捐助章程规定办理。监察人各得单独行使监察权。监察人之职权如下：①安定基金业务及财务状况之调查；②查核簿册文件；③监督安定基金业务及财务之执行；④其他依法令赋予之职权。①

根据"财团法人保险安定基金组织及管理办法"安定基金办理之事项如下：①对经营困难保险业之贷款。②保险业因与经营不善同业进行合并或承受其契约，致遭受损失时，安定基金得予以低利贷款或补助。③保险业依第一百四十九条第四项规定被接管、勒令停业清理或命令解散，或经接管人依第一百四十九条之二第三项规定向法院申请重整时，安定基金于必要时应代该保险业垫付要保人、被保险人及受益人依有效契约所得为之请求，并就其垫付金额取得并行使该要保人、被保险人及受益人对该保险业之请求权。④保险业依本法规定进行重整时，为保障被保险人权益，协助重整程序之迅速进行，要保人、被保险人及受益人除提出书面反对意见者外，视为同意安定基金代理其出席关系人会议及行使重整相关权利。安定基金执行代理行为之程序及其他应遵行事项，由安定基金订定，报请主管机关备查。⑤受主管机关委托担任接管人、清理人或清算人职务。⑥经主管机关核可承接不具清偿能力保险公司之保险契约。⑦其他为安定保险市场或保障被保险人之权益，经主管机关核定之事项。

---

① 资料来源：财团法人保险安定基金网站，http：//www.tigf.org.tw/。

（二）各国（地区）基金管理模式的共性与差异比较

1. 基金功能

各国保险保障基金最基本的目的是为了保障保单持有人，这也是大多数国家建立保险保障基金的初衷。当保险公司不具偿付能力时，保障基金会进入处理程序，而所有在保障范围内的保单持有人就会自动获得要求补偿的权利。对于持有寿险产品或者财险产品的保单持有人，可以选择退还保险费或者延续保险合同。一般对于长期寿险产品的保单持有人，各国普遍会延续他们的保险合同。因为持有长期人寿及健康保险合同的被保险人更希望看到他们的保单得以延续，而不是立即中止合同提现。

基金的功能与一国政府监管部门对保险保障基金的立法本意、赋予该制度的权利大小有关。尽管理论上和实践中的争论没有统一的意见，但概括起来有纯粹的付款箱功能、成本最小化功能和风险最小化功能三种主流的观点。其一，纯粹的"付款箱"功能。该观点认为，只有当保险公司已经宣布破产倒闭，保险保障基金才根据破产公司所欠被保险人的债务情况，给予被保险人一定的保障或救助。保险公司未破产之前，该制度不予介入。用通俗的话讲，保险保障基金只为破产公司"买棺材"之用。其二，成本"最小化"功能。该观点认为，在保险公司未破产倒闭之前，提前介入并干预该公司的管理事务，了解有关经营信息，以减少或降低保险保障基金的成本支出。一旦公司宣告破产，保险保障基金能够提早制定保全破产保险公司资产最大化、负债最小化的方案并付诸实施。用通俗的话讲，保险保障基金的功能不仅限于"买棺材"，必要时也可以对经营有困难的公司进行"救伤"，即救助，以减少保险保障基金的成本。应该说，目前绝大多数国家的保险保障基金制度拥有这一功能。其三，风险最小化功能。该观点认为，保险保障基金要评估其所救助的保险市场的风险，一是破产倒闭公司可能给保险保障基金带来的风险，二是整个保险业的风险。通过对整个保险业的风险评估，既确定保险保障基金收费的标准，又对可能发生偿付能力不足公司进行提前干预。这种功能使保险保障基金承担了第二监管机构的角色。这与美国存款保险相似。①

总之，各国（地区）建立保险保障基金的根本目的相同，在功能上存在差别，根据国情及基金的发展状况，基金的功能有所侧重。比如英国实行统一的金融服务补偿计划，对所有因金融机构丧失偿付能力遭受损失的保单持有人提供一站式的补偿服务，侧重于统一高效地对保单持有人的利益进行保护。台湾的安定基金则专门设立了财险业、寿险业预警制度委员会，十分注重基金的预警功能。

2. 管理机构与治理结构

保险保障基金一般为行业监管者发起，并由市场中的各会员公司共同集资建立。综观各国（地区）保障基金的管理情况，保障基金通常交由一非营利性的法定机构负责日常管理，每一个基金管理机构对应一个基金。机构的理事会大多由各会员公司代表和代表被保险人利益的中立人员组成。虽然各国的保险保障基金一般是独立运营，并不在政府职能部门管辖范围内，但是在其运作过程中，还是普遍与行业监管者紧密配合的。这是因为保障被保险人的利益，更多还是从政府监管者考虑的角度出发的。例如美国各州的保险监督官是基金理事会成员或有权与会；加拿大监管当局可以召集和列席基金理事会会议；以及基金的运作与使用都必须经地方法律法规批准等，都体现了监管部门可以参与有关基金的重大决策。因此，只有在基金与监管当局之间保持良好的互动，才能切实有效地保障保单持有人的权益。

然而，不同国家和地区因其自身情况对保险保障基金的管理有不同的模式，目前主要有三种：一是非营利性企业法人，如美国、英国、中国台湾地区。该类组织均是在监管部门的批准下，成立公司对保险保障基金进行管理，公司设立董事会，董事由政府监管部门批准，董事主要来源于政府监管部门、保险公司、有关学术团体和被保险人代表等。二是社团法人，如加拿大。该组织是保险行业成立的，由保险公司作为会员并制定有关章程，负责组织内部的管理。三是隶属于政府监管部门，如韩国。韩国

---

① 江先学. 中国保险保障基金制度研究 [D]. 成都：西南财经大学，2009.

在保险监督院下设立保险保障基金管理委员会，委员会由 9 名委员组成，包括监督院院长（担任主席）、有关政府官员、产险和人寿险公司的行业协会代表等。

3. 立法基础

大体而言，绝大多数国家和地区的保险保障基金制度建立在明确的立法基础之上。例如美国、英国、日本和中国台湾地区针对保险保障基金建立了专门的法律法规，为保险保障基金的顺利实施提供法律依据。另外，还有一些国家没有专门的保险保障基金法规条文，如加拿大。由于加拿大人寿与健康保险补偿公司是自发性行业组织，自律性相当强，政府没有专门制定规范保险保障基金的法律法规，而主要遵循加拿大公司法及其他相适宜的法律。

由于所处的法系及立法传统的不同，英美等海洋法系国家和欧洲及亚洲等大陆法系国家在立法层面上存在比较明显的差异。而同处海洋法系的英美两国，也因彼此政治体制和国情差异而呈现出不同的特点。比如，美国明确区分联邦和各州立法的效力和适用范围，但总的来说，各州拥有较大的自主权，一般先在各州立法的基础上，后有协调性的联邦立法，联邦立法更多注重协调州际差异，是一种平衡性的手段。因此，美国保险监督官协会建立示范法，同时各州也有自己的基金相关法律。而不存在各州立法自治传统的英国更强调集中于政府和议会的统一立法制度框架。两者共同点，也是海洋法系共同的核心特点之一，即判例法传统，因此，英美两国更加重视司法实践中的有关案例探索，并最终将有关经验和成果总结上升到成文立法层面。

日本及中国台湾地区则属于典型的大陆法系，有关立法机关指定的各成文法组成的法典体系是核心，然而其固有劣势也很明显：有关新法的制定及已有法律的修改程序过于复杂，导致立法周期长，缺乏灵活性，也突显了立法活动的滞后性。这些特殊的固有情况，也导致了大陆法系的有关国家和地区一般立法模式是相关权力机关或部门的立法试点先行，在实践中不断完善配套的部门及地方立法，条件成熟后由相应部门将经验总结性地反映在法律条文中，根本性的成文法典颁布实施后，出于立法技术上的考虑，针对实践的需要，再由直接实践且有立法权或司法解释权的机关或部门出台配套的"指导意见"、"实施细则"或"司法解释"来更好地落实立法目的。例如，台湾先由"保险法"对安定基金作出总的规定，然后出台"财团法人保险安定基金组织及管理办法"对安定基金各个方面进行更加详细的规定。

（三）有关基金管理模式的借鉴与启示

保险保障基金制度是我国金融行业率先建立的一种市场化的风险自救机制，是符合国情和国际惯例、加强保险业风险管理的重要制度安排，是防范和化解行业风险的重要屏障，是保险监管职能的延伸和监管手段的有益补充。自 1995 年《保险法》进行原则性规定以来，保险保障基金制度先后经历了单独提取、专户留存的企业留存，专户缴入、加强监督的集中管理和借鉴经验、积极改制的公司化运作三个阶段，尤其是在第三阶段，2008 年依据新出台的《保险保障基金管理办法》，成立了中国保险保障基金公司，实行了基金的公司化管理，理顺了保障基金筹集、管理和使用体制，有利于探索保险业风险管理和保险保障的市场化路径，有利于促进保障基金保值增值，提升保障基金参与行业风险管理与风险处置的专业化水平，有利于解决操作层面的一些问题，提高保障基金参与行业救济和保险保障的能力。保险保障基金公司成立 5 年多来，在基金收缴、资产管理、风险处置、风险监测和公司自身建设等方面都取得了较好的成绩，为今后更好地发挥保险保障基金功能作用打下扎实的基础。同时，也面临不少困难与挑战，包括公司发展的目标定位模糊、某些政策法规限制了保障公司的职能发挥和功能拓展、管理制度运行中存在一些不协调、不衔接、不完备之处，需要广泛学习，借鉴经验，总结完善。通过对保险保障基金管理模式进行比较，结合我国已有实践，提出以下建议。

1. 完善公司治理结构、决策和实施机制

目前，保险保障基金公司作为实际管理和操作制度运作的机构，其董事会成员由包括保监会在内的多个部委及国务院办事机构推荐产生，董事会成员，除中国人保、中国人寿和中国平安三家公司的代表之外，其余均来自相关的部委；董事长由中国保监会推荐。公司仍处于初创阶段，董事会中尚无独立董事，暂未设立监事会。同时，保障基金实行公司化管理时间较短，政府监管者及行业对公司定位的理解尚不清晰。公司在作出重大决策及实施执行阶段，承担了政府监管者的下属机构的职能，决策的制定和实施缺少来自行业内部的参与。这种决策与实施模式尽管在风险处置的实践中取得了较好的效果，但行业中仍存在不同的声音。另一方面，公司仍处于初创阶段，相关制度仍有待建立健全。

在完善公司治理结构、决策和实施机制方面，借鉴相关国家和地区的做法，提出以下几点建议：一是适当增加保险公司的董事代表，聘任身份相对超脱的社会代表作为公司独立董事，参与董事会工作；二是设立监事会，对公司的经营管理进行全面监督，维护被保险人的合法权益；三是设立专门的委员会，如投资决策委员会、审计委员会、风险管理委员会，担任主任委员的成员必须满足一定的条件；四是加强政府监管者对公司的管理，进一步完善相关体制机制。

2. 拓展公司服务职能，发挥专业化优势，推进市场化运作

（1）做实风险监测平台，发挥风险评估和预警职能

防范化解保险风险，首要的是对风险产生的原因和各风险之间的联系进行深入研究。参照国际上的普遍做法，基金公司在实际工作中应该起到对行业中公司偿付能力危机或破产风险的监督和预警作用。如日本的保单持有人保障公司其职责包括破产清算风险的预警，而其预警功能所需用到的指标体系是与偿付能力监管指标体系息息相关的。又如台湾的财团法人保险安定基金，专门设立了预警制度委员会，一方面，提供专业咨询与建议，以便业者了解国内外财经趋势，掌握经营环境变化，控制经营风险；另一方面，以协助安定基金研究或修订寿险业和财险业预警制度。

中国保险保障基金公司可以适当借鉴，更好地履行风险评估和预警职能，比如尝试建立有公信力、科学客观、具有保险保障基金公司特色的风险监测和预警指标体系，探索编制并发布行业景气指数、投保人信心指数，适时开展保险公司风险状况评级，为基金差别费率的厘定提供依据，成立产险、寿险预警委员会等。

（2）建立和完善适合国情的保险市场退出机制，前移行业风险处置

关口

吸取其他国家（地区）的经验及教训，及早介入存在重大隐患的保险公司，摸清风险底数，及早采取干预措施，避免被动救助。根据《保险保障基金管理办法》，如果保险公司依法破产或被撤销，其有效资产无法全额履行保单责任时，保险保障基金将向保单持有人提供全额或部分损失补偿。目前保险保障基金规模实力还比较有限，为避免系统性风险、减少社会不稳定因素和降低行业风险处置成本，选择最佳时机介入危重风险公司十分重要。

日本《保险业法》规定，被保险人保障公司的经营范围包括在需要时，向无偿付能力公司发放贷款及财务援助，表现了日本被保险人保障公司救助的前瞻性。中国保险保障基金公司应该建立和完善适合我国的保险市场退出机制，灵活运用管理救助和财务救助等方式，降低行业风险处置成本。同时，借鉴同类机构经验，明确保险保障基金公司参与风险处置的有关职责及其决策实施办法。及早对存在重大隐患的公司开展尽职调查，摸清风险底数，研究提出处理建议，避免被动救助。

（3）加强与保险监管机构的信息共享，开发延伸服务功能

中国保险保障基金公司是保监会监管职能的延伸和监管手段的有益补充，基金公司职责履行需要保监会的指导和支持，尤其需要保监会进一步加强与基金公司的信息共享，促进基金公司风险监测、风险救助等职能的更好发挥。

当前及今后一段时期，为更好地服务保险监管、服务行业健康发展和服务保险消费者，可以考虑重点从三个方面开展延伸服务功能。一是加快推进保单登记制度建设。实行这一制度有利于行业风险监测，有助于在实施保单救济时，准确合理地制定方案。二是参与债权投资计划注册登记工作。结合保险资金运用监管制度改革需要，以保险资金管理产品注册登记为切入点，探索对保险资金投资风险的监测。三是参与保险消费者教育宣传服务。通过风险教育，提升保险消费者的风险意识、自我保护意识，通过保障基金功能作用的宣传，提振保险消费者信心，助推行业发展。

（4）加强公司队伍建设，提高人员专业水平

专业化管理、市场化运作，归根结底要依靠人才这一最活跃的因素。参照各国的管理机构，保险保障基金主要由专业人士管理。在管理机构的人员构成上，美国、英国通常由业内人士或业内人士及消费者代表组成，作为保险保障基金的管理人员。专业人士由于有从业的经验，更能够洞悉市场的需要，对保险市场发展的把握也会更为准确。同时，在资金运用上，更需要专业的人员在确保保险保障基金安全性、流动性的前提下，实现保险保障基金的保值增值。但公司定性为非营利企业，实行全额预算管理，缺乏必要的激励约束机制，在很大程度上制约了市场化运作、专业化管理的优势发挥。

在公司队伍建设和专业化管理方面，参照其他国家（地区）的经验和优秀的公司治理方式，建议一方面要借鉴市场化程度较高的公司管理模式，进一步发挥公司董事会的作用，进一步建立健全公司层面的绩效考核和激励机制，适当增加绩效预算管理，处理好保障基金与保障基金公司的关系。另一方面要在健全外部考核激励约束机制的基础上，不断完善进人、育人、用人和留人机制，尽快建立一支工作经验丰富、工作作风硬朗、综合素养较高的员工队伍，为公司增加活力，提高公司运作的效率。

3. 适时修改完善现有法律法规，为完善我国基金管理模式提供法律保障

（1）提升保险保障基金管理规定的法律层级

在法律建设方面，与我国基金制度直接相关的法律法规包括《保险法》中第一百条的规定以及由中国保监会、财政部、中国人民银行共同制定、并以保监会令的形式发布的《保险保障基金管理办法》。由监管机关以部门规章的形式制定基金制度的法律依据，这实际上是将保险保障基金制度视为监管的组成。①

美国的保险保障基金管理制度的立法主要是以联邦政府颁布的两套标准法为依托的。通过建立一套联邦级别的制度标准，并逐步吸纳各州立法对相应制度进行比照和趋同，实现在全国范围内的统一。因此，美国的基金制度的相关法律法规是通过联邦法案和州一级的法案进行规范

---

① 朱威志. 保险保障基金制度研究［D］. 南开大学，2009.

的，其法律的规定和颁布机构是其立法单位，即国会和州议会。以法律的形式出台基金管理规定的还有英国。我国的保险保障基金制度的法律建设上与日本的情况更为接近。同我国的法律体系构建的做法相似，日本也是在其《保险业法》中规定设立保险保障基金；由其大藏省制定，并以省令的形式颁布保单持有人保护机构的有关法律规定。通过对此可以发现，有关保险保障基金的具体管理规定都不是以保险监管机关的部门规定形式颁布的。

在我国的法律体系架构下，《保险法》属于全国人大常委会制定通过的一般法律，而《保险保障基金管理办法》属于部门规章一级。在目前我国法律体系下，很难为保险保障基金的筹集、管理和使用专门制定法律。因此，建议按照《保险法》的有关规定，由国务院常务会议讨论并通过、以国务院令的形式颁布新的《保险保障基金管理条例》，即从当前保监会的部门规章上升一级，使之成为行政法规，从而确定保障基金的独立地位。

（2）增补细化保险保障基金管理办法

《保险保障基金管理办法》出台后，一些细则需要尽快明确和制定。比如，在实践过程中对于接管、破产清算等一系列的具体做法仍然没有具体规定。在美国，保险保障基金制度不仅有原则性的规定，还有可操作的细则规定，如《示范法》详细规定了关于接管、破产清算中的细节与流程。目前，我国《保险法》和《保险保障基金管理办法》都只是对基金的管理和使用作出了原则性的规定，并没有专门的实施细则保证制度的可操作性。建议借鉴美国保险业的做法细则，在实践中不断完善保险保障基金管理规定。

三、保险保障基金筹集管理比较研究

各国（地区）的保障基金在筹集管理方面既有共性，也存在差异。通过比较和分析，可以总结当前保险保障基金体系构建的基本模式、好的做法，为进一步完善我国保险保障基金筹集管理制度提供有益的启示和参考。

（一）各国（地区）基金筹集管理实践

1. 筹集时点

基金的筹集时点分为事前、事后或兼而有之。事前征收要求保险公司定期向基金缴费，以应对未来可能发生的保险公司无偿付能力事件。当基金的充足性要求得到满足时，即停止向公司征收。基金在使用之前会被用于投资安全性高和流动性强的资产。事后征收方式是指当基金确定要使用的时候，再向保险公司征集所需的资金。第三种筹集方式是将事前与事后征收相结合，我国在改革保险保障基金制度之前即采用此种方式。采用这种做法的国家还有挪威。法国的做法是允许公司自留其应缴费的一半用于投资，当需使用时再缴纳剩余的部分。

保险保障基金筹集时点的选择在不同国家面临不同的情况，也没有一定之规。从原理上看，发达国家的保险公司实力雄厚，可以在较短时间筹集大额基金份额，并且保险监管机构的作用能够得到较好的发挥，在很大程度上抑制保险公司的道德风险，保险公司运作规范程度较高，因此，出于降低成本的考量，事后筹集较为合适。对于发展中国家来说，虽然事后筹集能够减少保险公司定期缴费金额，但要求保险机构在出现破产时一次性缴纳大量资金会存在明显问题，同时，发展中国家保险市场体系本身不稳定，存在较多的监管漏洞，公司经营不够规范，容易出现基金缴费的道德风险，因此，事前筹集在约束公司经营行为、稳定行业、降低一次性支出压力等方面要优于事后筹集。

在实际操作中，采取事前筹集的国家（地区）包括美国纽约州、法国、日本、韩国和中国台湾地区等；采取事后筹集的国家（地区）有英国、美国各州（除纽约州的财产险外）、加拿大等。

美国几乎所有的州保险保障基金都是采取事后征集的办法，在发生保险公司无偿付能力的情况时，州保险保障基金的功能才会启动。当保险公司因财务困难导致偿付能力不足时，州保险监管机构及州保险专员需采取措施，争取使之恢复到正常水平。若保险公司被宣布进入清算程序，保险保障基金将会启动其评估应对管理费用、法律诉讼费用及补偿保单持有人所需的资金总量。估算出的数额再减去破产公司资产（主要是固定资产）

转让变现的金额，剩余的资金缺口就需要通过向会员公司收费来填补。待保险公司破产清算以及被保险人补偿案件结束之后，多余的资金将会被退还给缴费的会员公司。只有纽约州采取事前征集的方法，它的做法是维持保险保障基金账户始终存有一定数额的资金，以便在保险公司无偿付能力时，能够第一时间作出反应，更高效地保护保单持有人的权益。

美国采用事后筹集的模式主要目的在于降低保障基金对保险公司经营业绩和市场竞争的影响。这是与美国较为完善的监管环境和发达的市场相符合的。该制度的初衷是希望通过保险公司之间的相互监督来降低事后筹集固有的道德风险，但实际效果越来越不理想。当前，绝大多数研究结果倾向于往事前筹集转变。目前，对事前和事后筹集两类模式孰优孰劣尚无统一的定论。一个较为明显的趋势是，近年来建立保险保障基金制度的国家（或地区）多采用事前筹集的方式，如法国、日本、中国台湾等，法国的做法是允许公司自留其应缴费的一半用于投资，在需要时再缴纳剩余的部分，中国台湾采取事前征收方式筹集基金，一旦基金不足以偿付破产公司被保险人的利益，则采取事后征收方式；建立保障基金已有相当长一段时期的国家，如加拿大等，正在向其事后筹集的基础上融入部分事前筹集。从目前的情况来看，采用事前筹集方式的保障基金，其运作的效果是令人满意的。

2. 筹集规模

按照事前筹集方式建立保险保障基金，必然会面临一个基金的适度规模问题。如果保险保障基金规模过小，一旦发生救助事件，就可能因保障基金不足而需要财政拨款或中央银行紧急贷款，从而使事前筹集方式的优势大打折扣，无法发挥应有的保障作用。如果保险保障基金的规模过大，将因保障基金的特殊性质以及运用渠道限制多于保险资金等因素，影响整个行业的资金运用效率，并在一定程度上影响单个保险公司的发展。

从理论上看，由于财产保险产品多为一年期的保障型产品，保险公司对保险期限内发生约定保险事故的投保人支付赔款，对保险期满仍未发生约定保险事故的投保人不支付赔款，权利义务两清，因此，财产保险公司对投保人的负债（主要表现为各种准备金）增长相对缓慢，保障基金的保障责任也相应地增长缓慢。寿险产品则不同，多数为 5 年、10 年、20 年，甚至提供终生保障，保单利益通常会随着时间的推移而不断积累，从而增加了保障基金的保障责任。

从采取事前筹集保险保障基金的其他国家或地区的实践看，寿险基金的规模通常高于产险基金。日本的保险保障基金相关办法规定，全体寿险公司年缴保障基金为 560 亿日元，寿险保障基金的上限为 5 600 亿日元，而全体非寿险公司年缴保障基金为 65 亿日元，非寿险保障基金的上限仅为 650 亿日元。中国台湾 2008 年的"财团法人保险安定基金组织及管理办法"规定，寿险保障基金总额和产险保障基金总额分别以 40 亿元和 20 亿元新台币为基准，事前征收到所规定的限额后就停止征收。目前，台湾的基金上限已不再执行，实际积累的安定基金总规模约为 200 亿元新台币，其中寿险安定基金为 155 亿元新台币，是产险安定基金的 3.4 倍，远高于产险安定基金。

3. 缴费基数和费率结构

从世界范围来看，保险保障基金筹集基数多数是根据其总保费或净保费收入按照一定比例来计算的，例如，美国保险保障基金的征收基数以过去 1~3 年的平均保费收入为基准（不超过平均年保费的 1%~2%）。加拿大寿险保障基金以过去 5 年的平均保费收入为基准（一般为 0.5%），征收的最高比例不固定，主要视其超出法定的持续经营所需最低偿付能力的标准而定；加拿大非寿险保障基金采用事前与事后相结合的筹集方式，基金的日常管理费每年在会员公司之间分摊，保单的赔偿费用事后依保费规模征集，救助资金根据各会员公司上年保费收入所占市场份额进行分摊。英国以上一年度的保费收入为基准，通常对于征收的比例限制在 0.8%，实际上向各保险公司征收的比例要更低一些。中国台湾征收比例为：人寿保险业务，按保费收入的千分之一计算；财产保险业务，按保费收入的千分之二计算。近年来，一些国家和地区已经开始尝试兼顾保费收入和责任准备金两项指标计算保险保障基金额度。日本在计算保险保障基金征收额时，按照保费收入 70%、责任准备金 30% 的比例计算应缴总额。加拿大也在考虑将法定资本作为计算依据之一。然而，由于责任准备金的计提基于一定的精算假设，保险公司具有一定的调节手段，相比之下，保费收入指标更易于为行业所接受。

（二）各国（地区）基金筹集管理比较

1. 共性分析

（1）筹集范围

各国的保障基金有些是覆盖行业内大多数保险产品的，有些则是针对某一特定险种的保障计划。这些特定的险种通常为强制性保险，因为强制保险一般保障民众最基本的需求。在使用保障基金进行补偿时，强制保险一般可以得到足额补偿。监管者在尽力防范保险公司破产的同时，也将剩余的破产风险在全行业中分散。因此，大多欧盟国家即使没有建立可以覆盖全行业的保险保障基金，也要为强制保险设立专门的保障计划。与此相对应，大多数专业类的保险产品不在保障计划范围内，如再保险、信用保险以及海险等。这是因为这些保险产品大多与民众生活关系不大，其投保人多为具有一定保险专业知识的企业客户。经营此类产品的保险公司如果发生偿付危机，也不会对社会主体利益造成过多的危害。

（2）基金设置

通常保障基金具有强制性特点，即市场中所有获准经营的保险公司必须向基金账户缴费。因为风险高的公司更倾向于参加保障基金计划并得到庇护，而低风险的公司由于自身管理风险能力强，而不愿意为此增加成本。若采用自愿参与的形式，久而久之就会导致保障基金所保的都是高风险公司，出现严重的逆选择问题。多数国家的保险保障基金按照产寿险分类不同，分别设置人寿健康保险保障基金和财产意外保险保障基金。只建立单一基金的国家，也会分别设立寿险与非寿险两个基金账户。这是由于产险和寿险产品的性质具有较大差异，前者多为一年期，而后者的保单持续时间很长。

（3）政府支持

保险保障基金的建立离不开各国政府的大力支持。保障基金通常不是行业自发建立的，而是政府为了维护社会稳定，在建立保障基金的同时采用行政和财政手段，支持与辅助保险保障基金的有效运作。

2. 差异分析

（1）筹集方式

保险保障基金一般是以会员公司缴费或者向其征税的形式筹集的。在征收的时候会依据一定的标准在会员公司之间公平分摊，以避免给公司带来过重负担。各国筹集基金的方式主要可分为事前征收、事后征收和事前事后相结合三种。

（2）征收标准

一般公司的缴费是根据其总保费或净保费收入来计算的。这种方法相对而言比较公平合理，因为公司的保费来源于全体参保人，其目的就是用来补偿部分人的损失。但是若保险公司据此提高费率，则会将这部分额外的财务负担转嫁到保单持有人身上。因此，在保险保障基金的实践中，虽然还没有哪个国家采用基于风险因素的评估与筹集方法，但是旧有思维正在被打破。日本的保障基金在计算征收额时，不仅考虑保费收入，同时考虑技术准备金，以反映公司的支付能力。加拿大的寿险保障基金则考虑使用公司的法定资本作为计算的依据。各国基金缴费情况如表 2.3.1 所示。

表 2.3.1　　　　　　　　各国年缴费标准一览

	国家	寿险保障基金	非寿险保障基金
事前征收	法国	技术准备金的 0.05%（总额 2.7 亿欧元）	—
	日本	全体公司年缴费 560 亿日元（上限 10 年）	全体公司年缴费 65 亿日元（上限 10 年）
	韩国	保费收入的 0.45%	保费收入的 0.45%
事后征收	加拿大	法定资本的 1.33%	保费收入的 1%
	英国	毛保费收入的 1%	净保费收入的 1%
	美国	毛保费收入的 2%	净保费收入的 2%

资料来源：江先学．中国保险保障基金制度研究［D］．成都：西南财经大学，2009.

（三）有关基金筹集管理的借鉴与启示

通过对各国保险保障基金筹集管理实践的研究与比较发现，在进一步完善我国保险保障基金筹集管理方面可以得出以下几点启示：

1. 保持适度的基金规模

事前积累一定规模的保险保障基金以备救助事件发生时快速投入更充足的资金，提高救助效率效果，已是当今世界设置保险保障基金的趋势。但保险保障基金往往面临更严格的投资渠道限制，势必降低保险行业整体的资金运用效率，要求对基金的规模有所限制。

我国的做法是财产险公司基金余额达到公司总资产的6%、人身险公司基金余额达到公司总资产的1%时，可以暂停缴纳基金，但尚未出台暂停缴纳操作指引。建议保险保障基金年度汇算清缴时，由基金余额达到总资产比例上限的保险公司提出暂停缴纳的申请，与汇算清缴材料（保险保障基金汇算清缴申报表、财务报告、审计报告）一并提交审核，经审定后符合条件的保险公司可以从下一年度开始暂停缴纳。以后每年度提供汇算清缴材料时，需对基金余额和总资产变动情况进行说明，继续符合条件的可以顺延暂停缴纳政策。

保险公司的基金余额减少或者总资产增加，其基金余额占总资产比例低于上限的，应于比例低于上限时恢复缴纳当季及以后季度保险保障基金，预缴金额按年度汇算清缴时核定的季度预缴额确定。如果缴纳过程中再次出现基金余额占总资产比例超过上限的情况，需继续预缴保险保障基金，待基金年度汇算清缴时重新履行暂停缴纳的申请程序。

2. 提高产、寿险基金规模与保障风险匹配程度

按照国际惯例，财产保险保障基金和人身保险保障基金往往分账户管理，账户间相互独立。由于财产保险产品多为一年期，财产保险公司对投保人的负债（主要表现为各种准备金）较寿险产品增长相对缓慢，保障基金的保障责任也相应地增长缓慢。因此采用事前筹集制度的国家和地区，积累的人身保险保障基金规模往往远大于财产保险保障基金。反观我国，人身保险保障基金的规模和增速均低于财产保险保障基金，与相应承担的保障风险很不匹配，而且这种不匹配程度还在加大，这是极不合理的。应通过调整寿险基金费率水平，加快寿险基金规模积累，缩小不匹配程度。

3. 设计紧急融资通道

限于事前积累的基金规模不应过大，为防止保险保障基金在发生行业

性危机时被耗尽，需赋予保险保障基金一定的临时紧急融资权。我国规定，为依法救助保单持有人和保单受让公司、处置保险业风险的需要，经中国保监会商有关部门制定融资方案并报国务院批准后，保险保障基金公司可以多种形式融资。尽管这一规定为保险保障基金的融资提供了法律依据，但融资的目的、用途、条件以及融资手段和渠道、所需协商的部门等都不够明确，保险保障基金与这些资金的关系也没有明确，而这是保险保障制度建设、防范道德风险及化解保险行业保障风险至关重要的内容。另外，由于没有明确和突出上述融资规定是在基金耗尽时存在的紧急融资渠道，所以中央银行作为最后贷款人以及政府财政的是否有意愿向基金提供紧急财力支持变得极为关键。制度上的不明确、不清晰，不仅制约我国保险保障制度的进一步完善，加大保险行业的保障风险，而且导致部门之间在融资过程中协调沟通的时间过长，甚至会错失风险处置的机会，加大风险处置和救助成本，最终很可能产生更大的风险。建议尽快对紧急融资制度进行完善，并借鉴国外事后筹集制度经验，为融得的资金设置合理的退出机制。

4. 选取合适的缴费基数

保障基金缴费基数的选取有两大常见思路：一是从保险公司资金流入角度选取指标，其以毛保费和自留保费为代表，反映了保险公司的业务规模，指标易于观察且相对客观，但是与保险公司的实际风险状况并不具有直接的关系；二是从预期未来保险公司资金流出角度选取指标，其以净保费和责任准备金为代表，更能全面地反映了公司未来的负债情况和可持续经营能力，但由于责任准备金的计提基于一定的精算假设，保险公司具有一定的调节手段，相比之下，不如保费收入这一硬性指标更易为行业所接受。我国的做法与国际普遍做法相同，以毛保费收入作为保险保障基金的缴纳基数。近年来，一些国家和地区已经开始尝试兼顾保费收入和责任准备金两项指标计算保险保障基金额度，结合了两种缴费基数的优点，值得我们研究借鉴。

5. 逐步实行差别化费率

我国目前实行的是以业务规模为基础的分险种固定比例费率。一般来说，经营风险高的保险公司需要缴纳的基金比例较高，使用基金的可能性也增加；而经营风险低的保险公司需缴纳的比例较低。采用公司风险费率可以在一定程度上促使保险公司加强对自身业务风险的控制，鼓励保险公司将风险降低到适当水平，遏制保险公司在业务活动中的冒险行为，促使保险公司加强经营管理。

建议采用风险分级法为保险公司设定差别费率。风险分级法是根据各公司面临的综合风险的不同水平，依据一定的分类方法，将保险公司分为不同风险级别，对不同级别的保险公司实施不同的风险费率，而同一级别的公司采用相同的风险费率。具体而言，风险分级法首先选取表示保险公司风险状况的指标，建立保险公司风险评价指标体系，反映保险公司综合风险水平，基于此，运用适当的方法测算各家保险公司的综合风险值。根据综合风险值，按照一定的标准，将保险公司分为不同的风险等级，对不同风险等级的保险公司按照不同的风险费率提取保险保障基金，同一风险等级的保险公司适用相同的比例。

2009 年，保监会对保险公司进行分类监管。其分类指标体系如表2.3.2 所示，保监会据此将保险公司分为四级。由表 2.3.2 可知，保监会的分类标准，正是保险公司的风险等级。保险保障基金可基于保监会对保险公司的四级分类监管，建立风险费率制度。以保监会对保险公司的四级分类为依据，设置风险费率结构，偿付能力越差，公司治理、资金运用、市场行为等方面存在问题越多的保险公司，在目前水平上上调其费率，反之则下调。这样的风险费率制度公平合理性高、推行容易、成本低廉、操作简便，同时增强了保险公司对保监会风险评级结果的重视程度，进而督促保险公司加强自身偿付能力管理，充实资本实力。

表 2.3.2　　　　　　保险公司分类监管指标一览表

序号	指标类别	产险公司的具体指标	寿险公司的具体指标
1	偿付能力充足率	偿付能力充足率	偿付能力充足率
2	公司治理、内控和合规性风险指标	公司治理 内部控制 合规性风险指标	公司治理 内部控制 合规性风险指标

序号	指标类别	产险公司的具体指标	寿险公司的具体指标
3	资金运用风险指标	（1）预定收益型非寿险投资型产品投资收益充足率 （2）基金和股票市场风险 （3）存款信用风险 （4）债券信用风险 （5）资金运用集中度 （6）违反投资规定情况	（1）资产负债持有期缺口率 （2）投资收益充足率 （3）基金和股票市场风险 （4）存款信用风险 （5）债券信用风险 （6）资金运用集中度 （7）违反投资规定情况
4	业务经营风险指标	（1）保费增长率 （2）自留保费增长率 （3）应收保费率 （4）未决赔款准备金提取偏差率 （5）再保险人资质 （6）单一危险单位自留责任限额	（1）长期险保费收入增长率 （2）短期险自留保费增长率 （3）标准保费增长率 （4）退保率 （5）保单持续率 （6）准备金充足状况
5	财务风险指标	（1）产权比率 （2）自留保费资本率 （3）综合成本率 （4）资金运用收益率 （5）速动比率 （6）现金流	（1）产权比率 （2）盈利状况 （3）短期险综合赔付率 （4）现金流测试情况

四、保险保障基金资金运用比较研究

不同国家和地区的保险保障基金的资金运用模式存在较大差异。事后筹集的保险保障基金管理模式不涉及资金运用，而事前筹集的方式，需要进行资金的管理和运用，但相关信息披露较少。我国保险保障基金的规模相对较大，面临较大的保值增值压力，同时资金运用对安全性要求较高。考虑到社保基金、企业年金和保险资金对资金运用的安全性要求也比较高，同时需要流动性应对支出，但总体投资期限较长的特点，与保障基金的资金运作较为类似，因此，通过对其他国家社保基金、企业年金和保险资金等同类资金的运用情况进行梳理和分析，可以为我国保险保障基金的资金运用提供借鉴。

（一）同类资金运用实践

1. 社保基金资金运用实践

（1）美国养老信托基金

美国社会保障体系分为三大体系：一是联邦社会保障体系，二是美国州和地方社会保障体系，三是私有社会保障体系。因此，对应的美国社会保障基金也分为三大块，分别是美国联邦社会保障基金、美国州和地方社会保障基金以及私有社会保障基金。此处主要分析美国州和地方社会保障基金的投资运营情况。目前，联邦政府对州和地方政府社会保障基金的投资活动没有太多的规定。在投资领域上也没有统一的要求，一些州的社会保障基金甚至直接投资一些建设项目。总体来看，州和地方政府的基金是以资产组合方式进行投资的，资产组合变化情况大致如表 2.4.1 所示。

表 2.4.1　　　　美国州和地方 50 年来资产组合及变化情况　　　　单位：%

	1950 年	1970 年	1980 年	1989 年	1992 年	1999 年	2002 年
公司股票	0	17	22	40	42	67	38
公司债券	12	58	48	27	21	10	12
美国国债	51	11	20	27	28	12	14
其他	37	14	10	6	9	11	36

注：美国国债包括各级政府债券，其他包括现金、抵押投资、国外投资等。

从投资结构的变化看，美国州和地方社会保障基金投资范围经历了一个逐步放宽的过程，市场化运作程度也日益提高：一是股票投资由无到有，逐步成为市场投资的主要手段，自 1989 年起占比一直居于各类资产首位，1999 年占到了总资产的三分之二。二是以收益为导向的投资运作特征日益增强，20 世纪 50～70 年代，国债和公司债是基础配置手段，其后占比不断下降，2000 年后两类资产占比降至 20% 左右，相比而言，收益和风险偏好的股票资产及其他资产占据了投资的主体地位。三是美国州和地方社会保障基金的投资运作体现了由限制性运作向市场化运作的转变。20 世纪50~80年代，投资范围的限制呈现逐步放宽的态势，股票投资比例稳步提高。进入90年代以后，美国州和地方社会保障基金的运作市场化程度得到了有效提高，资金运用不再受到投资比例的严格限制，资产管理机构可以根据市场变化自主掌握资产配置比例，表现为各类资产的配置结构出现了灵活变化。

美国州和地方社会保障基金投资收益率在各年中变化很大，这与州和地方社会保障基金投资于股票有很大的关系，投资收益跟随资本市场的波动而波动，如1998年社会保障基金的投资收益率为13%，2002年社会保障基金的投资收益率为-3.2%。但从跨年度来看，自1994年以来的年度平均投资收益率高达8.2%，保值增值效果较好，具体见表2.4.2。

表2.4.2　　　　美国州和地方社会保障基金投资收益率　　　单位：%

年份	收益率	年份	收益率
1994	8.5	1999	11.6
1995	8.7	2000	2
1996	11.3	2001	0.3
1997	12.2	2002	-3.2
1998	13	平均	8.2

（2）新加坡社保基金

新加坡是集中营运社会保障基金的典型代表。1955年7月新加坡政府通过立法正式确立了公积金制度。该制度实质上是一种强制性储蓄养老计划，该计划独立于新加坡政府的财政之外，独立核算、自负盈亏，使公积金成为独立稳定而信誉高的储金。目前，新加坡对社保基金实行统一管理，由中央公积金局将公积金集中起来，然后选择基金公司进行投资。

新加坡中央公积金中可用于投资的基金可以划分为成员结余、保险基金和退休前取款基金相互独立的三个组成部分。其中，中央公积金成员结余只能投资于政府债券，这些政府债券为浮动利率债券，没有市场报价，其利率不得低于中央公积金法案中明确规定的2.5%最低名义利率；保险基金被投资于定期存款、可转让存款单、股票和债券，与中央公积金结余相比，其资产配置更加分散化，投资回报率也相对较高；退休前取款基金允许个人直接通过购买中央公积金法案许可的股票或间接通过共同基金投资于股票市场。

随着新加坡经济的发展不断调整，社保基金的投资范围也由最初的仅限于投资国债，逐步扩大到投资于修建公路、港口、机场等公共设施方面，这样既促进了经济增长率的提高，又在一定程度上确保了公积金的安全性与回报率，带来了很好的社会效益。

2. 企业年金资金运用实践

（1）美国企业年金投资范围的变化

美国具有世界上最为发达的资本市场和最为丰富的投资工具，美国公众的理财观念和投资意识都比较成熟，因此，美国养老基金的投资范围非常广，投资结构也非常灵活，从美国近几年养老金资产配置情况来看，一个非常明显趋势就是：资产配置日益基金化，基金投资首选股票型基金。

美国养老金的基金投资比重由 20 世纪 90 年代初的 9% 提升到 2006 年底的 55%，已经成为养老金投资的主要品种。以 2006 年底的养老金资产配置比重为准，包括国内股票基金和国际股票基金在内的所有股票基金占养老金所投资的所有共同基金的比重已高达 70%，如果加上混合型基金，则比重高达 84%，而货币基金和债券基金的比重分别只有 8% 和 9%。

（2）智利企业年金

在 1981 年智利养老金改革初期，养老金只允许投资于固定收益类工具，包括政府债券、金融机构证券、抵押证券、公司证券等，1985 年开始允许投资国内的股票市场，1990 年开始允许投资国外证券，到 2002 年，智利的养老金投资范围基本上覆盖了国内国外两个市场中几乎所有的固定收益和权益投资品种。在 2004 年，为了匹配不同群体的风险偏好，每家养老金公司可以提供 A、B、C、D、E 五类不同的产品供客户选择。从每个组合的比例看，E 类组合的固定收益产品占比最高，相对风险较小，而 A 类组合的权益类投资比例较高，比较适合风险承受能力较大的客户。智利养老金投资范围变化的大致过程如表 2.4.3 所示。

表2.4.3　　　　　　　　智利养老金投资范围及比重变化　　　　　　单位：%

	1981年	1985年	1990年	1995年	2002年	2004年				
						基金A	基金B	基金C	基金D	基金E
政府债券	100	50	45	50	50	40	40	50	70	80
金融机构证券	50	40	50	50	50	40	40	50	70	80
抵押证券	80	80	80	50	50	40	40	50	60	70
公司债券	60	40	50	45	45	30	30	40	50	60
股票		30	30	37	40	60	50	30	15	
投资基金			10	10	25	40	30	20	10	
共同基金					5	5	5	5	5	
一年期商业票据			10	10	10	10	10	10	20	30
国外固定收益工具				9	16	五个基金合计30				
国外股票			4.5	10						
风险投资			9	20						
资产或交易类工具					15	10	5	5	5	5
国外基金					1		1	1	1	
商业票据					5	5	5	5	5	5

注：1999年以前每家养老金公司只能提供一个基金产品供参加者选择，1999年扩大到2个，2002年8月扩大到5个，分别成为基金A、B、C、D、E，以适应不同风险偏好人群。

3. 保险资金运用实践

（1）美国保险资金运用实践

美国保险公司的资产总量自20世纪90年代以来增长迅速，保险资金投向主要包括四个方面：债券、股票、抵押贷款和不动产投资等。无论寿险还是财险，债券在资金运用比例中一直处于领先地位。股票投资比例居次，寿险业和产险业有很大差异。以寿险为例，在寿险保险资产分布中，债券资产占总资产的50%以上，各项贷款和不动产在不断下降，股票资产稳步上升，1991年为10.6%，1997年达到23.2%，2007年达到32.8%，成为寿险资金第二大投资项目，仅次于公司债券，其原因主要是新型产品（如投资连结寿险、万能寿险等）出现要求提高投资收益率所致。具体见表2.4.4。

表 2.4.4　　　　　美国寿险保险资金运用结构（合并账户）　　　单位：%

年份	债券	股票	抵押贷款	不动产	保单贷款	其他
2001	53	27.81	7.45	0.99	3.19	7.56
2002	57.9	23.42	7.41	0.97	3.10	7.2
2003	56.1	26.3	6.92	0.79	2.75	7.14
2004	55.2	27.7	6.64	0.73	2.55	7.18
2005	54.4	28.7	6.57	0.73	2.44	7.16
2006	51	31.7	6.50	0.69	2.34	7.77
2007	49.5	32.8	6.60	0.69	2.29	8.12

（2）英国保险资金运用实践

英国保险投资监管最为宽松，保险法规对保险公司的投资渠道没有作任何限制，《1994 年保险公司条例》规定政府公债、抵押贷款、股票的投资上限分别为 18%、22%、48%，因此，英国保险公司的投资渠道几乎囊括了市场上所有的投资品种。同时，英国保险公司十分重视海外投资，并且股票投资比例较高，远高于债券，这与宽松的监管政策分不开。具体见表 2.4.5。

表 2.4.5　　　　　　　英国寿险保险资金运用结构　　　　　单位：%

年份	政府债券	海外政府债券	普通股	其他公司证券	海外普通股	其他海外公司证券	单位信托	固定资产	现金和其他
2003	15.51	5.06	23.41	11.57	10.63	8.42	7.18	7.34	10.87
2004	15.65	4.90	22.48	11.74	11.16	8.34	7.98	6.95	10.80
2005	14.84	3.69	22.82	11.37	12.45	8.50	10.47	6.89	8.97
2006	14.20	3.25	23.34	9.63	12.60	9.55	11.68	7.11	8.64
2007	13.27	3.58	21.50	10.10	14.19	9.02	12.44	6.60	9.29

（3）日本保险资金运用实践

日本寿险公司资金运用方式主要分为有价证券、贷款和房地产。几年来，日本寿险公司资金运用的最大特点是投资国外证券比例逐年增加，并且，在整体资产配置中，债券投资比例逐渐上升并成为最主要的投资工具，股票投资比例有所下降，贷款和房地长投资比例有很大下降。具体见表 2.4.6。

表 2.4.6　　　　　　　　日本寿险保险资金运用结构　　　　　单位：%

年份	国内证券			国外证券			贷款		现金储备	房地产	其他投资
	国债	公司债	股票	国债	公司债	股票	保单质押贷款	金融贷款			
1990	3.77	3.99	21.97	4.92	3.77	2.86	2.45	0.00	6.20	5.46	44.61
2000	16.57	9.29	15.37	3.40	4.45	2.16	2.53	17.24	5.35	4.25	19.39
2002	19.36	10.69	9.58	4.79	7.96	1.49	2.54	22.19	3.00	4.22	14.18
2004	21.89	9.54	11.52	5.61	9.48	1.53	2.18	17.85	2.26	3.83	14.31
2005	21.34	8.74	14.74	4.96	9.32	1.72	1.92	15.58	2.61	3.26	15.81
2006	22.13	8.69	14.70	4.46	9.61	2.03	1.77	14.16	2.57	3.03	16.85

（二）同类资金运用的比较分析

1. 共性分析

从同类资金运用的国际比较看，世界各国同类资金的管理和运作具有以下共性：

一是市场化程度较高。资产管理机构对资金管理的决策权较大。美国社会保障基金管理机构可以自主开展投资，新加坡社保基金实施分类管理，但按照资金的不同性质设置了不同的投资范围，其中保障基金部分投资运作范围和灵活性最为突出；智利养老金投资则根据不同的客户选择提供了灵活多样的政策组合空间。

二是投资渠道都经历了逐步放宽、资金运作工具逐步丰富的过程。多数国家同类资金的投资范围一开始都较为保守，随着市场的逐步成熟和制度的不断完善而拓宽渠道。目前，已基本涵盖国债、公司债、股票、贷款甚至不动产投资，在经济周期的不同阶段，都有较为合适的投资工具。

三是在资产管理上都注重追求运作效益，特别对股票、不动产、贷款设置风险投资的偏好极为明显，追求收益的色彩较为浓厚。

四是全球化投资特征较为突出。美国社保基金、智利企业年金、美国、英国、日本保险资金都将海外投资作为重要的投资渠道。

2. 差异分析

从国际同类资金运用情况来看，各国的资金运用仍存在一些差异，主要有以下几点：

一是资金运用的渠道虽然都较为丰富，但由于资本市场发展程度和所处的经济增长阶段不同，资金运用的资产配置比例管理政策差别较大。比如美国养老信托基金在投资比例上限制较少，投资机构灵活掌握的空间较大；英国保险资金运用对不同种类资产的配置有明确约束。

二是在资金运用的管理模式上有所不同。如智利企业养老金是从客户需求的角度设计投资政策，规定了 A、B、C、D、E 五类不同的产品组合，不同风险偏好的群体可以根据需要选择适合的产品。新加坡社保基金则从资金的使用特征进行分类管理，不同用途的资金设定不同的投资范围。

三是实际投资结构也有明显不同。美国养老基金和企业年金偏重权益投资，美国、英国、日本保险资金在固定收益资产和权益资产的投资上倾向于均衡配置。

（三）关于资金运用的借鉴与启示

与国际同类资金的运用情况相比，我国保险保障基金在运作机制、管理理念以及市场化、专业化投资程度方面存在一定差距。借鉴国际同类资金的运作管理经验，主要有以下几点建议：

1. 进一步完善保险保障基金有关监管法规和政策

目前，保障基金的资金运作主要遵循中国人民银行、中国保监会、财政部三部委颁布的《保险保障基金管理办法》和中国保监会颁布的《中国保险保障基金有限责任公司业务监管暂行办法》（以下简称《业务监管暂行办法》）。相关办法印发三年多以来，在保障基金投资管理方面较好地发挥了指导和规范作用。一是指导保障基金公司根据相关办法建立健全了内部规章制度，为稳健开展投资运作奠定了基础。二是推动保障基金开展委托投资业务，进行市场化债券投资运作。三是促进保障基金公司针对委托资产管理、存款管理、资产配置、资金调拨等关键业务领域，制定资产管理业务操作流程。四是引导保障基金公司建立资产管理信息报告机制，加强了对基金投资运作的监督管理。随着保障基金投资运作的深入开展和市场形势的变化，现行的保障基金资金运用政策与基金的安全管理和保值增值要求出现了一些不太适应的地方：一方面，监管部门不仅对基金的投资运作范围进行了限制，而且对投资比例也进行了较为严格的约束，基本上决定了基金的投资策略和整体收益能力，并在一定程度上加大了基金管理的保值增值压力；另一方面，在投资渠道和监管比例严格限制的前提下，公司董事会、经营层实际上只负责投资的具体经办工作，在投资策略制定等方面的管理仍有进一步提升的空间。

参照国际同类资金的运用情况，建议监管部门根据市场形势变化，修订和出台符合基金管理需要的监管政策，由比例监管向审慎监管科学发展。监管部门主要制定基本的监管政策框架，并在监管政策框架基础上对资金管理运作机构的内部治理机制、投资运作机制、风险防控机制等进行监督管理，主要的任务是防范系统性风险。投资运作机构主要负责相关资金的投资运作管理，根据市场形势制定投资策略，设计资金的组合投资比例，开展实际投资等，主要的任务是实现资产的保值增值。

2. 推动保障基金资金运用树立长期投资理念

我国《保险保障基金管理办法》规定保险保障基金的资金运用应当遵循安全性、流动性和收益性的原则，在确保资产安全的前提下实现保值增值。此外，《业务监管暂行办法》规定保障基金公司应坚持以安全性、流动性为主，收益性为辅的原则，确保保障基金在资产安全的前提下实现保值增值。《保险保障基金管理办法》和《业务监管暂行办法》有关规定的共同之处是都把安全性放在首位，都要求把资产运作的安全放在首要位置。不同之处是《保险保障基金管理办法》的意图是在安全性、流动性和收益性协调兼顾的前提下，实现资产安全和收益提高；《业务监管暂行办法》则将收益性调整为辅助目标。

国际同类资金的运作基本经历了一个由绝对安全认识到相对安全认识的转变过程。特别是发达经济体进入低利率甚至是零利率时代，绝对安全的资产配置越来越无法满足保值增值的需要，各类资金都进入了兼顾安全和收益的运用时代。建议借鉴国际同类资金的运作经验，推动保障基金树立长期投资理念，避免过于关注短期投资收益，在确保资产相对安全的前提下，逐步推动基金长期、稳健地投资和保值增值。在安全性要求方面，基金运作要在统筹兼顾风险与收益的前提下，实现收益的最大化。在效益管理方面，基金运作对短期收益的追求逐步弱化，对长期、稳健的收益追求成为基金管理和运作的基本导向。

3. 推动和不断完善保障基金的市场化、专业化运作机制

《保险保障基金管理办法》规定，目前保险保障基金的资金运用范围限于银行存款、买卖政府债券、中央银行票据、中央企业债券、中央级金融机构发行的金融债券，以及国务院批准的其他资金运用形式。在保障基金管理的早期阶段，审慎的投资政策为基金的安全管理和稳健运作提供了保障，但随着我国金融市场的完善和利率市场化等金融体制的改革和发展，上述规定在一定程度上限制了基金的市场化、专业化运作程度，削弱了基金的保值增值能力。

与保障基金的运作政策相比，国际同类资金的投资的市场化和专业化程度较高，投资渠道和投资品种较为丰富，投资比例方面受到的限制也相对较少。借鉴国际同类资金的运作经验，建议一是根据市场形势发展变化，适时和稳步地拓宽基金投资渠道，允许基金投资固定收益和权益类等多样化的金融产品，使基金在不同的经济周期阶段都有合适的投资品种；放开无担保债券的投资限制，使基金能在债券市场不同品种的行情轮动中把握好投资机会。二是加强基金投资运作的能力建设。按照基金的专业化和市场化管理需要，加强投资研究、投资运作、运营管理和风险管控能力建设，引进专业人才充实资产管理队伍。三是采取先委托、后自营的方式逐步提高基金的专业化和市场化管理程度。早期可以从适度提高委托投资比例入手，提高市场运作的份额，加大市场的介入程度。同时，公司可从投资择时、组合管理、投资政策把握、投资监督等业务环节入手，逐步提高自营投资和资产管理能力，从根本上提升资金的运作水平。

五、保险保障基金实施风险监测比较研究

《保险保障基金管理办法》规定，保障基金公司具有依法监测保险业风险的职能，"发现保险公司经营管理中出现可能危及保单持有人和保险行业的重大风险时，向中国保险监督管理委员会提出监管处置建议"。

风险监测工作是保障基金风险处置端口前移、降低处置成本、提高处置效率、实施科学救助的有效手段。通过监测发现重大风险，一是有利于采取防控措施，降低风险处置成本；二是有利于保障基金选择最佳时机进

行风险干预和处置；三是在救助过程中，监测度量被处置公司的实际风险水平，能够为制定救助方案提供重要决策依据。

风险监测职能有利于将保障基金从单纯的"付款箱"型向"损失最小化"型和"风险最小化"型转化，因此风险监测工作也可视为行业风险的"识别器"和"预警器"。在一些采取事前筹集的国家和地区的保险保障基金制度下，通常会设置具有实施保险业风险监测和预警的职能，以最小化救助成本、最大程度保障保单持有人的利益。

本章将从比较研究的角度切入，通过对比马来西亚、加拿大、韩国及中国台湾地区的保险保障基金制度开展风险监测的法规和实践，探索符合我国国情的保险保障风险监测体系和未来发展愿景。

（一）各国（地区）保险保障基金制度实施风险监测的法规和实践

1. 马来西亚

根据马来西亚存款保险法律的规定，2010 年 12 月 31 日起实施保险及回教保险利益保障制度（TIPS），作为金融消费者保护计划的重要一环，由马来西亚存款保险机构（PIDM）负责实施和管理。PIDM 统一实施存款保险制度和保险及回教保险利益保障制度。

马来西亚目前有 35 家保险公司（其中财产险公司 20 家，人身险公司 9 家，混合保险公司 6 家）、7 家再保险公司、12 家回教保险机构①以及回教再保险机构 4 家。2011 年末，人身险行业的总资产达 1 664 亿令吉，财产险行业总资产达 315 亿令吉。行业整体资本充足度水平较高，基于 RBC 的资本充足率稳定在 200% 以上。

马来西亚国家银行（BNM）设立保险与回教保险监管部门，对整个行业实行金融监管。BNM 与 PIDM 之间签署战略联盟协议，在金融机构准入及退出、风险评估与监督以及干预和风险处置等方面展开合作，以保证两个机构能够高效合作，在定义关键过程方面增强联系，履行好对每个成员机构的义务。

（1）相关法律规定

马来西亚存款保险公司法案②（2011 年）对 BNM 向 PIDM 提供信息、

---

① 指遵循回教教义建立的互助性保险机构。

② Laws of Malaysia，Act 720，*Malaysia Deposit Insurance Corporation Act* 2011.

PIDM 组织检查及专项检查三方面进行了详细规定。

该法案第 95 条规定，马来西亚国家银行应当在合适的时间为 PIDM 提供：①满足相关法律规定的书面报告；②关于成员机构运行安全性和稳健性的评级或其他形式的判断，包括对其财务状况的评估；③马来西亚国家银行认为与上述情况相关的任何信息；④引起国家银行关注的任何信息，包括成员机构发生情况改变可能会严重影响公司经营的信息。

第 96 条规定，PIDM 或者 BNM 可以根据 PIDM 的要求，对成员机构的运营情况组织检查，包括：成员机构是否保持合适以及充足的存款或回教及保险利益负债、关于其保费及回教或保险机构利益负债的报告是否准确、是否遵守有关规定，或 PIDM 咨询 BNM 后认为其他合适的情形。

根据上述两款的规定，PIDM 可以委托其他人进行检查。完成检查后三个月内，PIDM 应向 BNM 提供纸质报告，就检查情况及相关任命情况进行汇报。因检查产生的相关成本和费用，列为受检查对象的到期债务支付给 PIDM。

第 97 条规定，在 PIDM 行使相关法律赋予的权力或进行支付时，当其有理由认为需要对成员机构展开尽职调查或其他检查时，可以组织一个或多个专项检查。专项检查的范围包括记录、簿册、账户、其他文件以及与成员机构的交易情况。在实施专项检查的情况下，成员机构的负责人、审计师、接收者、经理、清算者或相关机构的人员应当向 PIDM 提供有关文档、材料、信息或解释。专项检查的费用由检查对象承担，PIDM 在检查结束后向 BNM 提交报告。

除上述法律条款外，由于人身险公司的筹集基数为精算负债估值，各家成员机构会定期将精算数据报送至 PIDM。此外，PIDM 可以聘请外部审计机构对成员机构的准备金实施评估。

（2）监测体系及实践

对于 PIDM 来说，能否对影响成员机构的潜在风险迅速作出鉴定及回应是至关重要的，PIDM 将持续监督经济与金融环境，并对个别成员机构及所处行业整体的风险概况和财务表现展开全面评价。

PIDM 定期与 BNM 就风险评估与监督方面进行交流。一是定期交换信息，包括监管信息及统计数据，含法律意见书；允许进入 BNM 建立的相关电子数据库；开展对持牌照机构的风险评估和监管措施；行业发展趋势及金融稳定目标的最新动向；市场产品发行以及投诉等。二是 PIDM 受邀参加与持牌照机构的会议，讨论业务发展计划或风险评级。三是允许 PIDM 在监管实施纠正措施或举措之前提前介入。

PIDM 下设保险、风险评估及监督部门（Insurance，Risk Assessment and Monitoring，INRAM，组织结构参见图 2.5.1），主要职责包括：①对于 TIPS 的成员机构提供独立、准确和及时的风险评估和监督，以及早识别高风险成员机构以及进行有效的保费管理；②负责开发和推广回教存款保险制度。

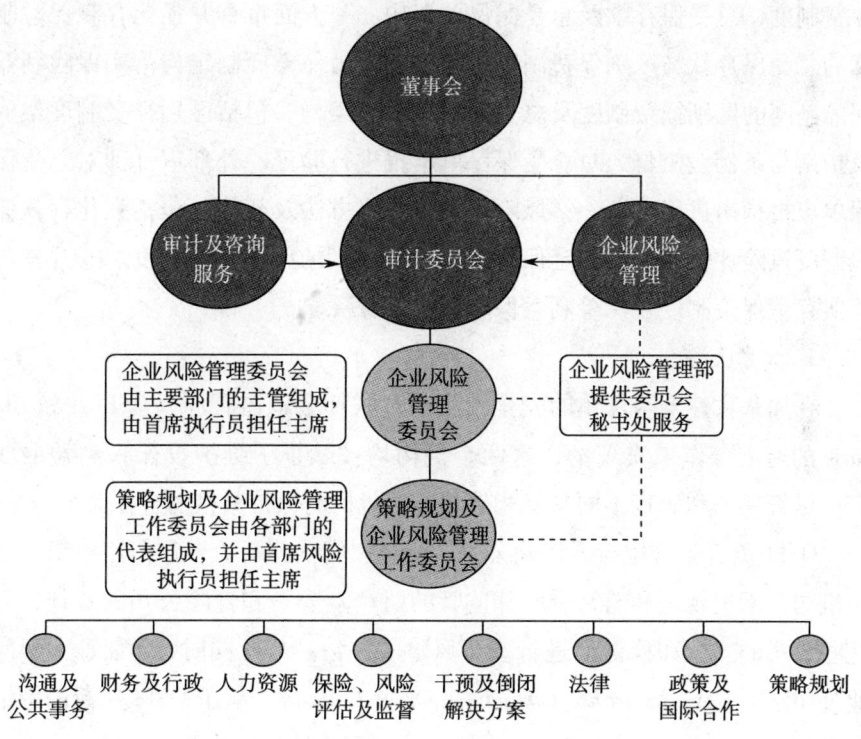

资料来源：PIDM 网站。

图 2.5.1　PIDM 组织结构图

2011 年 INRAM 在风险评估实践方面取得了如下主要工作成果：①风险评估与监督：在存款保险制度方面，继续加强风险评估与监督框架，并且根据区别保费制度的修正准则落实区别保费制度的呈报表格（定量资讯）。在保险利益保障制度方面，2011 年成员保险公司的首期保费及年度保费指令已经公报，并从 2011 评估年度开始生效；完成制定保险及回教保险风险评估框架，开始制定差别征费制度框架。②政策法规：向成员保险公司发出指南及增强适用于成员银行的指南。③有效的伙伴关系：与文莱、越南、肯尼亚等国的存款保障机构代表团进行知识交流。

INRAM 在 2012—2014 年的工作重点主要体现在：搭建所需的系统及基础设置，用以支援成员保险公司的风险评估及监督、制定区别征费制度架构与指南，以及成员保险公司的外部验证计划指南。具体包括：①区别保费制度、总受保存款及总受保保单架构。一方面审查并强化存款保险制度的总受保存款与区别保费制度相关条例。另一方面制定与落实保险利益保障制度的区别征费制度及总受保保单申报架构，包括区别征费制度架构及指南与条例、监督人对总受保保单申报进行验证、外部审计师对总受保保单申报指南进行验证。②风险评估与监督方法及架构。包括强化存款保险制度风险评估制度和制定保险利益保障制度的风险评估制度。③开发与落实存款保险制度及保险利益保障制度预警系统。

2. 加拿大

在加拿大，寿险保单的安全性是通过联邦金融监管局（OSFI）和 Assuris 的通力合作来实现的，这两个机构均被赋予了维护投保人利益的职责，尽管任务和职责不同却又相辅相成，机构间保持紧密的合作关系。

OSFI 负责监管银行、保险公司、信托和贷款公司、合作信用组织等金融机构，承担规范和监督受联邦监管的财产险公司和寿险公司的责任，对这些公司的安全和稳健性进行基于风险的评估。与此同时，《加拿大保险业公司法》（*The Insurance Companies Act of Canada*）赋予 OSFI 广泛的酌情干预权，允许 OSFI 解决可能出现在保险公司中的问题。

Assuris（原名为 Comcorp）是一个始建于 1989 年的非营利性组织，经费由整个寿险行业提供，并得到加拿大政府的认可和支持。它的主要任务是减轻由于其成员机构的财务失败而给加拿大投保人造成的影响，一方面可以最小化救助成本；另一方面在考虑道德风险的基础上，最大程度地保护保单持有人利益，确保相关保单能迅速转移到有支付能力的其他保险公司。

（1）相关法律规定

根据 OSFI 披露的《对受联邦监管的保险公司实施干预救助指南》（Guide to Intervention for Federally Regulated Life Insurance Companies），在对寿险公司进行干预或救济过程中，Assuris 与 OSFI 之间保持良好的伙伴关系。

在日常对保险公司的监测中，Assuris 与 OSFI 携手合作，紧密跟踪各公司的财务状况和经营业绩。Assuris 对于其成员机构开展独立于 OSFI 的财务分析，并且定期与 OSFI 举行会议，就其分析结论进行探讨，就其关心的问题与 OSFI 进行分享和讨论。此外，OSFI 向 Assuris 提供其重点关注对象的相关信息，并就保险公司风险变化状况及时与 Assuris 进行沟通，与 Assuris 讨论 OSFI 要求保险公司开展的相关修正措施。

在对保险公司实施干预救助的不同阶段中，Assuris 与 OSFI 相互配合，根据干预救助指南，OSFI 针对寿险公司风险水平的变化，建立了一个四级累进的预警系统，并分别展示了 OSFI 和 Assuris 在各个阶段的职责划分。

第一阶段为早期预警。除了日常监测外，Assuris 还需就公共信息及从保险公司和 OSFI 直接获取的信息开展深度分析；OSFI 通知 Assuris 保险公司风险阶段的变化、将保险公司列入第一阶段的原因以及即将采取的监管行动；年内 Assuris 多次与 OSFI 召开会议，就全部处于第一阶段的保险公司经营情况进行分析，并就 Assuris 重点关注的方面及在相关时限内预期的解决方案进行探讨；每年监管部门至少与 Assuris 董事会会晤一次。

第二阶段为财务可行性和偿付能力方面的风险。①Assuris 可以要求和分析从 OSFI 得来的信息，包括：反映保险公司补救措施的商业计划书；OSFI 的监管和专项检查的结果和报告；审计人员所做的工作，范围和工作结果；由精算师完成的工作，范围和工作成果；聘请顾问，提供对关键领域的深入分析；制定一个初步的重组计划。②OSFI 就加强监管、扩大审计与加强监测等方面的结果和数据告知 Assuris。③OSFI 就相关应急规划咨询 Assuris。

第三阶段为受到严重质疑的未来财务可行性。当一家公司被归入此阶段时，Assuris 的责任可能涉及：宣布该公司成为"有问题的成员"；制定一个详细的重组计划；估计它可能需要支付的赔偿额，评估是否需作出财政承诺来支持重组，以减少潜在的赔偿风险；制定一套详细的应变计划来管理流动资金，以确保其履行赔偿义务所需的资金。另外，Assuris 与 OSFI 就问题公司相关事项可组织更深入和更频繁的会议。

第四阶段为非可行性/破产迫在眉睫。①在此阶段 OSFI 已确定该公司处于一个迫在眉睫的不可持续的状态，Assuris 的活动可能涉及：获得董事会的准许，以提供在寿险公司清算情况下的赔偿；制定一个评估计划，来筹集在预期的清盘令被签发后为履行赔偿义务所需资金；在适当情况下，制定一个在委任清盘人协助下的有序的清算计划。②OSFI 就 Assuris 将采取的救助措施进行咨询，包括：采取临时控制；临时接管安排；规划控制周期，并组织清算；确定清盘人或委任的待命机构。Assuris 与 OSFI 就第三阶段准备的清算应急计划的实施进行讨论。

从上述安排来看，Assuris 对于保险公司开展风险监测的职能始终贯穿整个保险行业的日常经营活动中，且在四级预警体系的前两个阶段中发挥了重要的作用。

（2）监测体系及实践

Assuris 董事会下设监测与干预（Detection and Intervention）委员会，负责向董事会提供政策建议，以利于对问题公司开展及时和有效的干预。这些政策涉及的方面包括：构建和维护监测体系以利于识别问题公司；分析和规划多种干预的方法；维护信息的保密性；考虑环境变化和全行业的风险；偿付能力立法、规章、准则和标准变化的影响。

根据 Assuris 网站披露的 2011 年报，其 2011 年在风险监测等实践方面主要完成了如下工作：一是监测偿付能力风险。为了应对不稳定的经济环境，Assuris 监测了整个保险行业的偿付能力风险。Assuris 不断完善监测流程，以更有效地在早期阶段识别具有潜在风险的公司。Assuris 还改进了数据库的使用，以改善其监管报告中定性和定量的监测技术。二是参与探索合适的资本标准。Assuris 与 OSFI 和 AMF（Autorité des marchés financiers）

携手合作，完成了关于保险风险量化影响的研究分析，且巩固和提升了其在从偿付能力角度研究加拿大资本标准要求中的地位。三是在 IFRS 准则下修正监测过程。对监测过程进行必要的修改，准备引进国际财务报告准则（IFRS）。在保险合同中引入新的国际财务报告准则，对 Assuris 实施监测保险行业偿付能力风险的影响进行评估。

3. 韩国

韩国的金融保障体系经历了由分而治之到统一集中管理的变化。1997年金融危机之前，韩国分别设立了存款保险公司（KDIC）、证券投资者保护基金、保险保障基金、信贷管理基金、信用联合保障基金及信用合作安全基金等六个相互独立运行的保障制度。其中，保险保障基金制度始建于 1989 年 4 月，依据韩国《保险法》（*Insurance Business Act*），对寿险和非寿险业务征收保险保障基金，为保险业的稳定运行提供保障。

1997 年金融危机之后，韩国政府总结危机发生的原因，并在国际货币基金组织（IMF）的帮助下，重构了其金融保障体系结构，于 1998 年 4 月设置了一个整合的存款保险公司（Integrated KDIC），对上述保障制度进行统一管理，即保险保障制度也由 KDIC 进行管理。截至 2012 年 4 月末，共有 24 家人身保险公司、22 家财产保险公司受到保险保障基金的保障。其中，个人保单、退休养老保险列入保险保障范畴，而公司保险和可变利益保险（Variable Benefit Contract）不列入保障范畴。

为了提高金融保障体制的整体效率，KDIC 不断加强对受保金融机构开展风险监测的力度，以尽早发现和有效预防金融风险。

（1）相关法律规定

韩国的《存款保险办法》（*Depositor Protection Act*，DPA）为风险监测业务的有效开展提供了相关法律支持。

第 21 条 KDIC 有要求受保金融机构提供有关数据的权力。

Ⅰ. KDIC 可以要求受保的金融机构及其控股母公司提交业务及财务相关数据以履行其职责，包括识别无力偿债的受保金融机构、收缴保障基金及支付保险费用等。

Ⅱ. 当一家受保金融机构的经营数据反映出其面临偿付能力不足或者

受保风险难以验证时，KDIC 可以对其及母公司的业务和财务状况展开调查。

Ⅲ. KDIC 可以要求金融监管服务部门（Financial Supervisory Service, FSS）在相关法律下对受保金融机构及其控股公司实施检查并交付检查结果或者 KDIC 派出代表参加联合检查。

Ⅳ. 在 KDIC 认为必要的情况下，可以要求 FSS 提供受保金融机构及其控股公司的特定范围内的相关数据。

Ⅴ. 在 KDIC 认为有必要判断受保金融机构潜在的风险时，KDIC 可以要求 FSS 在一个月内通过检查确认受保金融机构提交的数据是否真实。

Ⅵ. KDIC 识别出高风险受保金融机构后，应及时提示 FSS，并可以要求其采取充足措施。

（2）监测体系及实践

KDIC 设立持续风险监测委员会（Ongoing Risk Surveillance Council），负责监督、协调和开展风险监测业务。为了更加充分地监测受保金融机构风险，KDIC 任命相关人员到不同金融部门或金融机构开展持续的风险监测业务。根据搜集整理的信息，KDIC 设立了适用于不同金融部门的风险监测指标，并定期组织召开会议以研究识别风险因素及风险传播路径。

对于监测委员会或风险模型侦测出的存在潜在风险的金融机构，KDIC 联合 FSS 组织联合检查，检查的重点则通过主要金融指标进行仔细筛选鉴别。联合检查结束后，KDIC 敦促相关金融机构对其管理进行改进。

为了加强有关机构之间的合作，减少金融机构的行政负担，2009 年 9 月 15 日，财政经济部、韩国银行、金融服务委员会、FSS 和 KDIC 五个公共机构联合签署了一项关于金融信息共享的修订谅解备忘录（MOU）。

KDIC 下设风险管理二部，包含三个风险监测团队，负责对银行部门、保险部门及金融投资部门开展风险监测业务，主要包括：①数据提交与研究，KDIC 可以要求受保金融机构提交相关数据，应用风险评估模型进行分析，一旦发现存在高风险可开展深入调查和研究；②要求金融监管服务部门提供和确认相关数据；③要求与金融监管服务部门组织联合检查。

KDIC 认为，有效保护受保金融机构、维护整体的金融稳定性的关键在于提早发现存在高风险的金融机构，为此 KDIC 增强对受保金融机构的风险监测以便于早期发现风险并防止风险蔓延。根据其年报信息披露，2010 年 KDIC 在风险监测方面的实践主要体现在以下方面：

一是明确风险监测业务的法律依据。由于 DPA 的 18 条在规定 KDIC 业务范围时，并未明确指出其可以开展积极的风险监测工作，因此在 KDIC 开展风险监测业务时通常会面临一些制约，故而 KDIC 将监测列入风险管理业务范围。2009 年，KDIC 酝酿对相关法案进行修改，将破产风险管理纳入其法定业务范围；2010 年，相关法律修订后为风险监测业务提供了相对明确的法律依据。

二是持续开展风险监测业务。为了尽早发现受保金融机构的风险，KDIC 委派员工至每个金融机构开展持续的监测，相关监测分析报告将提供给相关监管机构。2010 年，KDIC 与机构成员通过访谈的方式共享其风险水平及风险评估结果，以鼓励成员自愿主动降低风险水平。

KDIC 设立持续风险监测委员会，负责检查、协调及评估风险监测业务。2010 年 4 月，KDIC 改进其风险监测过程和方法，使其能够系统有效地反映出风险环境的变化。这需要使用新开发的风险指标模型进行不断的监测，并对风险评估和预测分析报告采用相同的报告频率。此外增加了一个金融市场走势分析报告清单，在考虑金融业意见的基础上，明确规定了每个阶段的风险评级系统和使用自由裁量权的范围和程序。2010 年，KDIC 独立出具 924 份持续监测报告，其中 353 份提交至其他金融监管机构。

三是组织检查和联合检查。2009 年，五个公共机构签署 MOU 后，受保金融机构的财务信息共享程度进一步扩大。对于受保公司，尤其是被识别为存在高风险的公司，KDIC 采用风险评估模型定期对其开展风险监测工作，根据结果形成问题公司清单，进一步与 FSS 组织联合检查，并通过检查敦促相关机构不断改善其风险管理水平。

为了促进与相关监管部门的合作，KDIC 于 2010 年 7 月举行了对相关机构的联合检查研讨会。在 2010 年 11 月的联合检查研讨会上，KDIC 还邀请外部专家和相关机构的审查员，以提高 KDIC 检查人员的专业能力，为联合检查开发更多差异化的方法，以提高检查能力。

四是开展以市场友好为导向的风险监测。KDIC 通过出版以消费者为导向的风险分析报告，扮演了为金融市场从业机构提供风险咨询的角色。

通过与市场机构的沟通联系，KDIC 积极响应其风险因素或其他需求，如开展对现场财务信息报告的满意度调查、组织金融论坛等。此外，KDIC 为金融公司提供风险评估和分析报告。

五是增强风险监测能力。为提高监测人员的能力水平以产生更多高质量的报告，KDIC 定期为其提供内部培训课程。

六是改善风险监测模型。对于保险公司，KDIC 开发了风险评估模型、风险预测模型和风险指数模型。风险评估模型用于评估受保金融机构的财务风险状况，风险预测模型估计未来某一日期内的破产概率，而风险指数模型评估风险水平和趋势。在考虑金融市场变化发展的基础上，KDIC 不断修正变量和关键值，完善监测模型。

4. 中国台湾地区

为了有效整合台湾安定基金资源、建立并执行退出机制、组织非现场监测及强化预警系统、有效把握保险市场的运行情况、协助监管部门实施监督保险业经营风险，台湾设立财团法人安定基金，作为一专责机构，使"保险法"赋予安定基金的基金功能得以有效发挥。截至 2012 年，受安定基金提供保险保障的保险公司共计 49 家，其中人身险 30 家，财产险 19 家。

（1）相关规定

根据安定基金网站显示，其业务主要依据"保险法"第一百四十三条及"财团法人保险安定基金组织及管理办法"所规定有关本基金之业务范围与项目，配合主管机关之指示赓续办理各项业务。其中涉及风险监测与预警相关的条款主要包括：

......

十六、参与保险业预警机制之规划，有效掌握保险业经营信息，协助主管机关场外监控保险业安全健全经营，维护金融安定。

十七、参与国际金融活动，主要国家金融监理机构及国际保险组织举办之会议与活动，并参与风险管理相关研讨会，加强官、产、学交流。

十八、因应国内、外金融环境变迁，持续办理员工训练及派员参与国内、外专业机构举办之研习，以提升专业技能。

十九、搜集及分析总体经济之信息，加强各项风险之掌控，建立相关预警指标。

......

（2）监测体系及实践

安定基金分别设立产险业预警制度委员会和寿险业预警制度委员会，委员会由保险专家、学者及实务界人士组成，以协助安定基金研议或修订产险业预警制度为目的，定期或不定期召开会议。

安定基金下设业务部，负责保险公司退出机制的研究规划及保险业经营信息的搜集、整理、分析、追踪与控管工作。安定基金的组织结构参见图2.5.2。

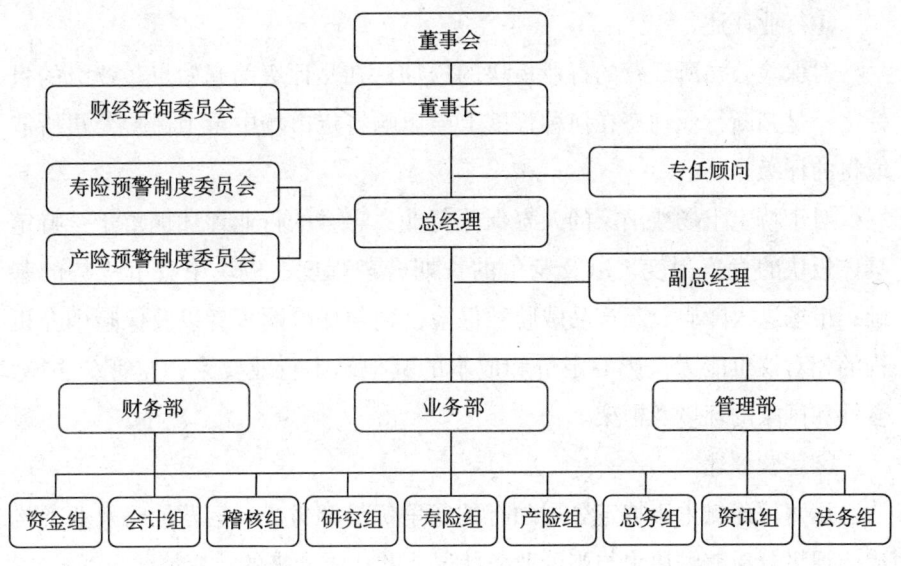

资料来源：安定基金网站。

图2.5.2 安定基金组织结构图

5. 其他相关评级机构①

国际上，除了保险保障基金对保险业、保险公司的风险进行监测，还有一些外部评级机构也进行类似的工作，其采用的技术方法也值得学习和借鉴。下面重点分析惠誉评级（Fitch Ratings）用于分析保险公司信用质量和财务实力的全球评级方法。这些方法直接支持惠誉对保险公司开展财务实力评级、发行人违约评级和债券发行评级。

（1）人寿评级基础框架及方法

惠誉的评级分析纳入了对被评级公司当前财务状况的评估，以及对未来变化的前瞻性评估。所用的评级方法同时包括对定量和定性因素的评估，主要侧重于以下六个方面的分析：行业评述、运营评述、组织机构评述、管理评述、公司治理及财务评述。

上述框架中，纳入了对公司的具体评述，以及影响整个行业的宏观趋势，评级决定的基础会因企业以及所服务市场而改变。

①行业评述

对保险公司所经营的行业板块的透彻认知是评级的起始点，评级的目标之一是判断行业动态在何种程度上能影响特定市场中单个保险公司所能取得的评级。

对于特定市场或国家的人寿保险行业，惠誉的行业评述侧重于：特定具体板块的竞争程度，以及竞争的长期合理程度；板块中竞争优势的基础；市场进入障碍及新产品威胁；保险公司与保险购买者以及保险中介机构的相对议价能力；影响定价和成本的其他基本行业要素；监管、法律、会计和国家的环境及框架。

②运营评述

运营评述侧重于特定公司独有的竞争优势和劣势、运营战略及业务构成，评级分析兼顾历史与当前业务状况，并注重未来的演变情况。

运营评述对下列事项予以评估，包括很多定性的判断：市场地位、份额与增长；产品和地域组合；分销能力及组合；承保、费用管理、定价上

① 本部分内容参考惠誉 2007 年 3 月发行的研报《人寿/非寿险评级准则（全球）》。

的经验技术；行政管理和技术能力。

③组织机构评述

鉴于大多数国家和地区对保险业制定了严格的偿付能力规定，法定组织结构可能对母公司和单独受评的保险公司子公司的资本管理、现金流和总体信用质量具有重大影响。无论所有权结构如何，惠誉会首先单独评估任何接受评级的实体，随后再根据关联关系作出调整。

④管理评述

对管理层的评述有利于理解公司的整体战略愿景、长期目标、财务预测、风险承受能力、杠杆率目标和成长策略。惠誉也评估管理层的其他特征，包括：经验的深度和广度、人员流动、继任计划、辅助管理人员的品质、组织结构和报告层级，以及风险管理制度的功能。

⑤公司治理

公司治理涵盖公司指导和控制流程、企业决策过程以及管理层业绩监视框架。完善的公司治理始于一个高效的董（监）事会，此外对审计流程的治理也是保护公司财务报告完整性的重要安全举措。

⑥财务评述

财务评述包括诸多财务比率和其他量化指标的计算，均基于与特定市场相关的标准、特定的评级基准、前期结果以及针对被评级实体形成的预期。虽然财务评述很大程度上是量化演算，但是对结果的解读及将它们加权计算成最终评级，会包括大量主观元素和定性判断。财务评述分为经营业绩、资本充足率、投资、资产/负债及流动性管理和财务灵活性五个方面进行。

（2）非寿险评级基础框架及方法

与惠誉人寿保险公司的评级框架类似，非寿险公司评级也是侧重于以下六个方面：行业分析、组织架构分析、运营分析、管理分析、公司治理分析及财务分析。其中，财务分析部分与人寿评级有较大差异，主要源于产寿险业务性质的根源性差异。非寿险评级财务分析部分主要包括承保质量、利润水平、投资和流动性、损失准备金充足率、再保险的使用、巨灾风险、资本充足率和财务灵活度八个方面。

（二）各国（地区）保险保障基金制度实施风险监测的比较分析

1. 共性分析

一是法律赋予保障基金管理机构具有实施风险评估和监测的职能，需对保险行业及成员机构的风险进行跟踪评价；二是法律规定保障基金管理机构应与相关监管机构建立信息共享制度；三是监测实践方面，探索开发评估模型、预警模型和指数模型等监测模型等。

2. 差异分析

由于 PIDM、KDIC 等存款保险机构对存款保险制度和保险保障制度进行统一管理，其下属的风险评估和监测业务与我国保险保障基金公司的风险监测业务职能存在一定天然差异。仅从对保险业开展风险监测方面来看，差异主要体现在如下方面：

一是在检查权限方面，PIDM、KDIC 等在认为需要的情况下，可以对保险公司组织现场综合性检查和专项检查，或与监管部门组织联合检查，可直接获取保险公司内部资料和信息，更加深入地把握潜在风险的演变趋势。

二是在信息获取渠道方面，其他国家（地区）保障基金可获取的数据范围更加全面：马来西亚人身保险保障基金的筹集基数为精算负债估值，保险公司定期向其提交精算数据；KDIC 与其他四个公共管理部门签订合作备忘录，可获取更多的共享金融数据。

三是与监管部门的合作方面：①PIDM 与 BNM 签订有战略联盟协议，可以受邀参加 BNM 与机构成员的会议，在实施监管措施前可提前介入。②Assuris 与 OSFI 之间存在良好的互相交流合作的长效机制，一方面，Assuris 定期与 OSFI 举行会议，就其分析结论进行探讨，就其关心的问题与 OSFI 进行分享和提问，能够掌握关于保险公司潜在风险问题的第一手信息资料；另一方面 OSFI 向 Assuris 提供其重点关注对象的相关信息，并就保险公司风险变化状况及时通知 Assuris，并与 Assuris 讨论 OSFI 要求保险公司开展的相关修正措施。

四是与市场主体的沟通方面：①KDIC 与受保金融机构间存在沟通反馈机制，其监测结果可以向受保金融机构提供，定期沟通风险评估结果，有利于保险公司主动降低经营风险；②韩国、加拿大、中国台湾等国家和地区的保障基金制度下均设立了相关的委员会，充分借助行业力量和资源为评估和预警行业风险提供咨询和技术支持；③KDIC 采取更加市场化的方式开展监测业务，通过出版以消费者为导向的风险分析报告，扮演了为金融市场从业机构提供风险咨询的角色。

（三）有关保障基金风险监测的借鉴与启示

1. 我国保障基金公司开展风险监测的实践

（1）业务依据

一是履行法律法规赋予的职责。保险保障基金依据《保险保障基金管理办法》规定，开展风险监测业务。

第八条"保险保障基金依法从事下列业务：……

（二）监测保险业风险，发现保险公司经营管理中出现可能危及保单持有人和保险行业的重大风险时，向中国保险监督管理委员会提出监管处置建议；……"

第十一条"保险保障基金公司应当与中国保监会建立保险公司信息共享机制。……"

二是完善保险业风险防范体系的必然要求。保障基金作为第五道防线，以维护金融稳定为目标，必然要求保障基金公司能够掌握行业数据，对行业从风险的源头到发展趋势乃至风险警情进行监测，提高风险防范的科学性、针对性和预见性。

三是参与行业风险处置的实际需要。风险监测业务是风险处置和救助的延伸，能够为实施救助提供科学依据。

四是推动保险保障风险管理的重要手段。通过对保险行业、保险公司、保险保障风险进行监测、预警和度量，关注保险保障基金充足率水平，更好地管理保险保障风险，使基金自身积累和风险保障能力与所面临的行业风险保障责任相匹配。

五是科学厘定基金筹集费率和规模的基础。通过监测和研究保险公司承保不同险种所承担的风险大小以及不同保险公司的整体风险状况，为优化和完善不同险种的基金筹集费率、按照公司风险级别实行差别筹集费率等提供参考依据。

（2）业务性质

目前，保障基金公司开展风险监测业务具有服务性、内部性及自主性的业务性质。①服务性：风险监测服务于监管机构，服务于保险行业，服务于保单持有人。②内部性：监测的数据和信息内部使用，监测结论供内部使用，向监管机构提供风险处置建议。③自主性：保障基金公司作为法人主体，独立自主地开展监测工作，促进基金的保障功能更好地发挥作用。

（3）业务定位

保障基金风险监测业务的主要职能有：负责保障基金对保险业风险研究、监测、评估和预警，为风险处置和基金筹集管理提供决策参考依据和建议；对保险公司进行内部评级；负责风险监测信息平台建设和管理等。

基于目前保障基金公司开展风险监测业务的实践经验和已有的初步成果，我们对保险保障基金开展风险监测业务进行如下定位：以风险研究和行业数据信息为基础，辅以多种监测方式和手段，掌握保险行业风险状况和趋势，监测重点保险公司风险及其演变，关注保险消费者相关风险，不断提高监测质量和成效，逐步成为行业风险的"识别器"和"预警器"。

2. 其他国家（地区）的经验借鉴

风险监测业务顺利开展需要制度层面和技术层面的多重支持，通过比较学习其他国家（地区），特别是一些亚洲国家（地区）的保险保障基金开展风险监测的制度、体系、框架及实践经验，能够为提高中国保险保障基金公司风险监测业务质量、有效开展风险监测业务奠定坚实基础。

通过对比马来西亚、加拿大、韩国及中国台湾地区保险保障制度下风险监测体系及实践，我们认为中国保险保障基金公司的风险监测业务可尝试在如下方面积极争取拓展空间。

（1）努力争取监管部门有力的政策支持

建议以修订《保险保障基金管理办法》为契机，开拓多渠道的信息资料来源和更为丰富的监测模式（如现场风险调研、与监管部门协同检查等），为开展风险监测业务创造更多的内部条件和政策环境，推进风险监测业务方式转变。

目前保障基金公司开展风险监测业务的数据资料主要来源于监管机构且权限有限，因此只能开展以数据分析为主的非现场监测，由于缺乏了解公司实际经营情况的途径，所做监测结论大部分依靠定量数据，无法深入地分析数据背后导致风险水平发生变化的深层次原因。

保障基金公司准确监测和及时预警行业风险，对监管部门相关工作是有益的补充。基于上述情况，保障基金公司应适时争取监管部门给予一定的授权，允许保障基金公司向部分保险公司直接获取数据信息、深入开展相关调研，以提高监测的科学性和结论的可靠性。

基于其他国家（地区）保障基金制度下风险监测实践经验的借鉴，我们建议向监管部门争取如下政策支持：一是支持保障基金公司直接向相关问题保险公司获取经营、财务、公司治理、偿付能力、保障投保人能力、开展投保人教育等信息资源；二是支持保障基金公司深入问题公司开展现场调研，以便直接通过第一手数据信息资料开展监测预警工作；三是逐步发挥保障基金公司风险监测对监管机构相关工作的补充和配合作用，批准保障基金协助监管机构开展定期和不定期的检查，在过程中深入了解行业内公司的风险控制能力和经营状况。

（2）加强与监管部门、市场主体及同类机构的沟通与交流

为了进一步拓展监测方式、丰富监测手段，保障基金公司需要建立与保监会、保险机构、保单持有人及业内专家间的沟通机制。这种沟通机制应是双向、互利的。一方面保障基金公司可通过多渠道拓展监测方式，多角度地识别、评判风险；另一方面，保障基金公司也可将风险评估结果有针对性地反馈给不同的对象。

①与保监会的沟通机制：建议保障基金公司与保监会建立长效沟通机制，监管部门可定期指导保障基金公司开展风险监测业务，就业内高风险公司的运营情况或行业风险新趋势进行交流，促进监测工作做扎实、做深入。

②与保险消费者的沟通机制：保障基金公司可通过开展保险消费者调研，初步搭建与保险消费者沟通交流的平台，形成有利于多元主体的沟通

机制。一方面,可推动风险监测业务模式转变,将监测工作前移至保险公司和消费者的互动环节,有利于量化跟踪评估行业状况,以更加积极的态度监测风险,为监管机构及时提供预警信息;另一方面,也建立起了与保险消费者群体的互动渠道,紧密结合行业阶段性重点工作,有利于保障基金公司更好地服务于监管、行业发展和消费者,扩大影响力,提高话语权。

③与同类机构的沟通机制:建议保障基金公司定期举办国际研讨会,与国际同类机构就风险监测模型、方式、效果等方面交流经验,同时应争取监管部门在相关方面为保障基金公司创造一定的条件和政策支持。

(3)探索构建保险行业风险评估和保险公司评级体系

为了发挥保险保障基金公司作为行业风险识别器和预警器的作用,保障基金公司应探索建立行业风险评估指标体系,开展保险公司评级工作。一是借鉴国内外风险评估和预警的理论和经验,本着全面性、预警性、可操作性、动态性的原则,通过与国内具有丰富实践经验且信誉较好的专业机构合作开展相关课题研究的形式,初步建立起具有保障基金公司特色的风险评估指标体系;二是探索引发保险公司危机的风险链条,确定各个风险要素对保险公司整体风险的影响权重,准确地评价保险公司的整体风险,并以风险评估指标体系为依托,设计一系列感知单元采集各种风险信息,对保险公司开展风险评级,不断提高专业水平,也为探索基金收缴风险费率、研究风险救助措施等提供信息支持。

(4)借鉴其他国家(地区)的经验研究建立保险行业风险评估专家委员会

通过比较研究,我们发现韩国、加拿大、中国台湾等国家和地区的保障基金制度下均设立了相关的委员会,以支持监测业务开展。

建议保障基金公司借鉴上述机构的实践经验,研究建立保险风险评估专家委员会作为公司风险监测业务的咨询顾问机制,以充分利用行业资源和市场经验,提升风险监测业务专业化水平。专家委员会可由保险公司、知名院校、咨询顾问等机构的专业人士共同组成,主要职责包括:定期探讨研究保险行业发展运行中的突出风险和较大潜在风险问题及其演变趋势，对风险监测相关的指标体系、监测方法、研究报告及成果等提供咨询意见，对风险监测业务中的专门问题进行研究论证，提出意见和建议等。

建立专家委员会，一方面有利于保障基金公司及时掌握保险行业风险变化趋势，更深层次了解行业风险形成的原因；另一方面可作为风险监测"走出去"的沟通机制，有利于提升保障基金风险监测的专业性和权威性，扩大影响力和话语权。

（5）构建基于保险行业大数据资源的风险分析体系

基于保障基金公司目前的非现场监测工作方式，获取适当、准确、及时的数据信息是基金公司风险监测的必要条件。尽可能占有相关信息、拓宽数据来源、整合信息资源是有效开展监测业务的重要前提。

尽管保障基金公司已与保监会建立数据共享专线，可获得保险公司及与行业经营相关的财务、业务、偿付能力、分类监管等相关数据，但随着保险行业和保险公司风险日益复杂化和隐蔽化，现有量化数据尚不足以满足风险监测业务未来的发展需求，因此有必要拓展监测数据来源，构建行业性的大数据资源，作为国家金融数据库的必要组成部分。

这里所指的大数据，不仅涵盖宏观经济数据、保险行业和保险公司的财务业务等定量信息，也包含保险公司内控合规流程、高管人员信息、股东情况、风险管理框架、风险偏好和容忍度等定性信息；此外，微观层面上保单的信息、保单持有人的基础信息和行为信息也应纳入大数据范畴，充分掌握这些信息都将对监测结论起到重要影响。

保障基金公司可考虑依托保单登记平台的投保人、保单等多方面信息，建立对行业风险的大数据分析体系，通过对实体微观经济形势进行监测，实现对行业风险形成演变发展过程的分析、识别和研究，为保险行业健康发展提供支持。

六、保险保障基金参与风险处置比较研究

（一）发达国家（地区）的情况介绍

发达国家（地区）金融行业起步早、发展快，经历了多次金融危机给社会带来的动荡，让它们更早地认识到金融行业的高风险性以及妥善处置

风险的重要性。因此，发达国家（地区）很早便出现了保护保单持有人利益、维护保险行业稳定的需求，保险保障基金制度应运而生。由于发达国家（地区）的金融市场较为完善、市场化程度高，保险公司退出市场的案例相对于我国来说也较多、涉猎的情况也较为广泛。因此，它们的保险保障基金制度在长时间的运行中，经过了较多的检验，在实践中不断完善，保险保障基金制度操作性强，可以更加适应保险公司退市时风险处置的要求，较之我国这一制度更为成熟。

（二）发达国家（地区）的经验借鉴

对发达国家的先进经验和典型案例进行研究、借鉴，将对我国保险保障基金的完善大有裨益。本丛书之《保险保障基金参与保险业风险处置与市场退出研究》将重点对美国、英国、日本、加拿大和中国台湾地区的保险保障基金参与行业风险处置的情况进行分析和比较，并详细介绍各国（地区）保险公司退出市场的典型案例，这里不再赘述。

七、主要结论和建议

本报告通过对美国、英国、日本、加拿大和中国台湾等国家或地区的保险保障基金体系进行比较分析，全面总结了当前保险保障基金体系构建的基本模式和成熟做法，从以下几个方面得出重要结论，并提出政策建议：

（一）关于管理模式

1. 通过理顺公司管理体制机制、优化董事会结构、设立监事会和专门委员会等途径完善公司治理结构、决策和实施机制。

2. 通过做实风险监测平台、完善保险市场退出机制、开发延伸服务功能、加强队伍建设和员工激励机制等方式履行和拓展公司职能，发挥专业化优势，推进市场化运作。

3. 根据《保险法》相关规定，尽快将《保险保障基金管理办法》上升为国务院条例，并制定相应的操作细则。

（二）关于筹集管理

1. 完善保险公司暂停缴纳保障基金的细则，保持适度的基金规模。

2. 参照国际惯例，适当调整基金比例水平，提高产、寿险基金规模与保障风险匹配程度。

3. 尽快完善紧急融资制度，借鉴国外事后筹集制度经验，为融得的资金设置合理的退出机制。

4. 综合不同缴费基数的优点，探索组合式的缴费基数。

5. 采用风险分级法区分保险公司的风险等级，设置不同的风险费率，以提高费用负担的公平性和降低保险公司的道德风险。

（三）关于资金运用

1. 参照国际同类资金的运用情况，推动监管部门根据市场形势变化，修订和出台符合基金管理需要的监管政策，由比例监管向审慎监管科学发展。

2. 借鉴国际同类资金的运作经验，推动保障基金树立长期投资理念，避免过于关注短期投资收益，逐步推动基金长期、稳健的投资和保值增值。

3. 不断完善保障基金市场化、专业化管理机制，包括稳步拓宽基金投资渠道，使基金在不同的经济周期阶段都有合适的投资品种，放开无担保债券、次级债券等投资限制，放开对普通企业债投资的限制，使基金能在债券市场不同品种的行情轮动中把握好投资机会；引进专业人才充实资产管理队伍，加强投资研究、投资运作、运营管理和风险管控能力建设；采取先委托、后自营的方式逐步提高基金的专业化和市场化管理程度。

（四）关于风险监测

1. 开拓多渠道的信息资料来源和更为丰富的监测模式（如现场风险调研、与监管部门协同检查等），为开展风险监测业务创造更多的内部条件和政策环境，推进风险监测业务方式转变。

2. 加强与监管部门、市场主体及同类机构的沟通与交流，建立双向、互利的沟通机制，包括与保监会建立长效沟通机制，定期就高风险公司的运营情况或行业风险新趋势进行交流；通过开展保险消费者调研，搭建与保险消费者沟通交流的平台；定期举办国际研讨会，与国际同类机构就风险监测模型、方式、效果等方面交流经验。

3. 探索构建保险行业风险评估和保险公司评级体系，充分发挥行业风险识别器和预警器的作用，并为探索基金收缴风险费率、研究风险救助措施等提供信息支持。

4. 成立保险风险评估专家委员会，作为公司风险监测业务建立的咨询顾问机制，以充分利用行业资源和市场经验，提升风险监测业务专业化水平。

5. 依托保单登记平台信息，通过对微观实体风险的监测，实现对行业风险形成的演变、发展过程的分析、识别和研究，构建基于保险行业大数据资源的风险分析体系。

（五）关于风险处置

1. 进一步完善风险处置的法制基础，形成包括《保险公司风险处置管理办法》在内的完整法律体系。

2. 采取市场化的方式，争取以最小的救助成本化解最大的行业风险。

3. 进一步规范风险处置的操作流程，赋予保险保障基金更多的权限和主动性，充分发挥其作用。

4. 着力完善救济标准，科学划定救助范围，最大限度保障保单持有人的利益。

参考文献

[1] 江生忠，邵全权，李勇权等．保险保障基金最优规模研究［M］．天津：南开大学出版社，2010.

[2] 龙翔．保险公司市场退出法律制度研究［M］．北京：中国财政经济出版社，2012.

[3] 凌涛．存款保险制度的国际经验与借鉴［M］．上海：上海三联书店，2007.

[4] 江生忠．保险企业组织形式研究［M］．北京：中国财政经济出版社，2008.

[5] 江生忠，朱威志，陈佳．保险保障基金制度的国际比较与借鉴［J］．保险研究，2008（11）．

[6] 江生忠，邵全权，何佳．论我国保险保障基金制度建设［J］．保险研究，2007（9）．

[7] 卓志．我国保险公司市场退出的保障机制研究［J］．保险职业学院学报，2006（3）．

[8] 龙翔．保险保障基金保单持有人救济制度的完善［J］．保险研究，2011（3）．

[9] 李成明．最后的安全网——世界保险保障制度介绍［J］．中国保险，2003（6）．

[10] 周廷．我国保险保障基金管理办法的不足及完善［J］．金融理论与实践，2006（3）．

[11] 刘晶．论中国保险保障基金公司的功能定位［J］．现代商贸工业，2012（1）．

［12］邵全权. 保险保障基金最优规模的积累规律及影响因素——基于动态视角和 SYS – GMM 方法的研究［J］. 保险研究，2011（5）.

［13］于超银. 日本保险公司破产对我国保险业风险防范的启示［J］. 现代日本经济，2001（3）.

［14］刘俊. 论保险保障基金公司在保险公司破产程序中的法律地位［J］. 理论界，2010（6）.

［15］江先学. 我国保险保障基金风险费率模拟分析［J］. 保险研究，2009（2）.

［16］江先学. 中国保险保障基金制度研究［D］. 成都：西南财经大学，2009.

［17］朱威志. 中国保险保障基金制度研究［D］. 天津：南开大学，2009.

［18］孙源笙. 我国保险保障基金制度研究［D］. 北京：北方工业大学，2011.

［19］何佳. 中国保险市场退出制度研究［D］. 天津：南开大学，2008.

［20］江敏. 保险保障基金筹集问题研究——基于国际比较的视角［D］. 成都：西南财经大学，2007.

［21］杨哲. 保险保障制度研究［D］. 成都：西南财经大学，2001.

［22］我国保险行业保障风险研究［R］. 财政科学研究所，2010.

［23］保险保障基金公司参与保险公司整顿、接管、破产清算国际比较中期报告［R］. 中国人民大学，2008.

［24］保障基金参与保险业风险处置研究［R］. 中伦律师事务所，2010.

［25］保险公司风险处置问题研究［R］. 北京市金杜律师事务所，2010.

［26］证券投资者保护基金公司在证券公司风险处置程序中的地位和作用［R］. 证券投资者保护基金公司，2007.

［27］中国保险监督委员会. 保险保障基金管理办法（2008 年第 2 号

令）［Z］. 2008 - 09 - 11.

［28］中国台湾地区. 中国台湾财团法人保险安定基金管理办法 ［Z］.
2002 - 07 - 16.

［29］NCIGF. Capacity of the Nation Network of State Guaranty Associations
to Protect Consumers of Nationally Chartered Insurance Companies. NCIGF Re-
port, 2002.

［30］Simon Ashby, Paul Sharma, William McDonnell. Lessons about
Risk: Analyzing the Causal Chain of Insurance Company Failure, 2003.

［31］Schmeltzer, R. H. Guaranty Funds Seek Changes to Meet Needs of
the Most Vulnerable Personal Insurance Consumers, 2006.

［32］Choi, B. P. The US Property and Liability Insurance Industry: Firm
Size, Growth and Impact of Guaranty Fund. A Paper Submitted to the ARIA
Meeting, 2006.

［33］Klein, R. W. Insurance Regulation in Transition. Journal of Risk and
Insurance, 1995: 62: 363 - 404.

［34］America. Property and Casualty Insurance Guaranty Association Mod-
el Act, 2008.

［35］America. Life and Health Insurance Guaranty Association Model Act,
2008.

［36］Britain. Financial Services and Markets Act, 2000.

后　　记

　　2009 年 9 月至 2010 年 6 月，中国保险保障基金公司与财政部财政科学研究所合作，以保险业发展为基础，从理论和实践两个层面，境内和境外两个视野，深入研究我国保险行业保障风险。课题研究历时近 1 年，全面分析了保险保障基金面临的风险和矛盾；科学界定了保险保障基金的性质、地位和职能作用，进而就我国保险保障基金制度及化解保险行业保障风险提出了政策建议。参与本课题研究的有财政部财政科学研究所博士生导师赵全厚研究员，中国保险保障基金公司宁灵、孙梦涵、宋珺等同志。

　　2012 年 7 月至 2013 年 5 月，中国保险保障基金公司与中国社会科学院金融研究所合作，开展保险保障基金制度比较研究。通过选择美国、英国、日本、加拿大、中国台湾等国家和地区，对保险保障基金制度进行全面的比较分析，总结当前保险保障基金体系构建的基本模式和成熟做法，为完善我国保险保障基金制度提供了理论依据和参考。参与本课题研究的有中国社会科学院金融研究所研究员阎建军博士，中国保险保障基金公司周伏平博士、李佳、马洪刚、刘汉禹、贺志锐、曾庆磊、杨惺、陈博钰、王诗原、邢冲等同志。

　　为充分利用好研究成果，加强对保险保障基金制度功能作用的宣传，我们整理前期课题研究成果，形成了《我国保险行业保障风险及保障基金制度比较研究》一书。本书的编辑出版，既是对我们既有研究成果和实践经验的汇总，更是向更高层次理论和实践迈进的开始。希望各界同仁能够与我们一道，共同为保险保障基金事业的发展出谋划策。

　　我们衷心感谢中国保监会各位会领导以及有关部门的指导和支持。特别感谢中国保监会主席项俊波为本书所作的严谨精辟、立意深远的序言。同时，中国金融出版社社长魏革军、编辑部主任张铁对本书的编辑、出版、发行给予了大力支持，在此表示感谢。

　　由于编写时间紧迫加之水平有限，本书难免存在疏漏和不足之处，敬请各位专家学者、同仁批评指正。

编者

2014 年 8 月